Rûmî-Rezitationen in Sarajevo

Aus dem Englischen übersetzt und mit Anmerkungen versehen von Axel Monte.

Die Arbeit des Übersetzers am vorliegenden Buch wurde von Ars & Vita Gesellschaft zur Förderung kultureller Kommunikation e.V. gefördert.

www.kitab-verlag.com
ISBN: 978-3-902878-58-8
Satz und Cover: Michael Soos

Emin Lelić

Die Rûmî-Rezitatoren von Sarajevo

kitab

INHALT

EINLEITUNG

Dschalal-ad Din ar-Rumi wurde 1207 in Balch im heutigen Afghanistan geboren. Er ist einer der bedeutendsten Dichter und Mystiker der islamischen Welt, der mit seiner Familie beim Einfall Dschinghis Khans nach Westen flüchtete und sich in Kleinasien niederließ und 1273 in Konya verstarb. Er schrieb seine Werke in persischer Sprache; bis heute sind nur Teile davon ins Deutsche übersetzt. Rumi ist der Begründer des Mevlevi-Ordens, einer der bekanntesten islamischen Sufi-Orden mit mystischer Ausrichtung. Sufismus ist eine Bezeichnung für Strömungen im Islam, die asketische Tendenzen und eine spirituelle Orientierung aufweisen. Ausrichtung des Herzens auf Gott und das Aufgeben des eigenen Egos sind dabei zentrale Faktoren. Im Sufismus wie im Mevlevi-Orden erscheint Gott als der Geliebte und die Menschenseele als Liebende auf der Suche nach Gott. Ähnliche Haltungen findet man auch in der christlichen Mystik. Das Besondere an der Lehre Dschalal-ad Din ar-Rumis, von seinen Anhängern auch als „Mevlana“ bezeichnet, ist, dass er seine Gedanken in formvollendeter Poesie wiedergibt. Das Hauptwerk „Masnavi“ ist in Doppelversen abgefasst, einer literarischen Form, wie sie in Persien üblich war. Rumi schrieb dieses Werk nach der Trennung von seinem „Lebensmenschen“ und spirituellen Begleiters Schams-i Tabrizi. Sufistische Ordensgemeinschaften trugen maßgeblich dazu bei, Nicht-Muslime für den Islam zu gewinnen. Sufi-Ordensgemeinschaften werden als Tariqas bezeichnet; eine berühmte davon ist die von Mevlana. Versammlungsorte der Sufi-Orden sind die „Tekken".

Bald nach der Eroberung Bosniens durch die Türken (1463) und die Einsetzung des Statthalters Isa-Bey Isaković wurden nacheinander die Gazi Husrev-Mosche (1530/31), 1560/61 die Ali-Pascha-Moschee und 1566 die Kaisermoschee errichtet. Sarajevo, die von den Türken gegründete Stadt, wurde zum Verwaltungszentrum und geistigen Mittelpunkt des türkischen Herrschaftsgebietes. Einer der ersten Sufi-Lehrer in Bosnien war Mitte des 15. Jahrhunderts Sari Saltuk, ein Mitglied des Bektashi-Ordens, der um 1466 eine Tekke als Sufi-Residenz in Blagaj östlich von Mostar errichtete, die bis heute erhalten ist. Auch in Banja Luka wurde eine Naqshbandi Tekke errichtet. Auch in Tuzla gab es eine Tekke. „Tekke" bedeutet Zufluchtsort; es war ein Zentrum einer Sufi-Bruderschaft oder eines Derwisch-Ordens.

In Sarajevo entstand eine Derwisch-Bruderschaft (Mevlevije); die Mitglieder trugen weiße Gewänder mit schwarzen Umhängen und aus Kamelhaar gefertigten Filzhüten, die ihr Ritual („zikir") mit religiöser Musik zelebrierten. Dabei drehten sie sich um die eigene Achse und wurden deswegen „tanzende Derwische" genannt. „Mit dem rituellen Drehtanz strebten sie die völlige Harmonie mit allen Dingen und Lebewesen der Natur sowie die Einheit von Körper, Herz und Verstand an".[1] Der Statthalter Isa-Bey errichtete 1462 oder 1463 in Sarajevo im Stadtteil Bentbaśa an der Miljacka, die „Mevlevi oder Naqshbandi Tekke", ein muslimisches Heiligtum, in dem die Verse Rumis in persischer Sprache rezitiert wurden. Dazu gehörte ein Hospiz (zawiyah) mit einem Gästehaus (musafirhana) und eine öffentliche Küche für die Armen (imarah). In der Stiftungsurkunde wird der Mevlevi-Orden jedoch nicht genannt. 1660 hatte sie auch einen Hof für die Rituale der Derwische (semahana), einen Gesprächsraum und 70 – 80 Derwischzellen, eine Veranda, eine Küche und einen Speisesaal. 1697 wurde die Tekke bei der Eroberung durch den Prinzen Eugen zerstört, später nach der Wiederherstellung der türkischen Herrschaft jedoch wieder aufgebaut. 1781 wurde die Tekke vom ottomanischen Gouverneur Vedžihi Pascha renoviert; der letzte spirituelle Leiter Ruhi Dede wirkte hier bis 1924. 1957 wurde die Tekke von dem Kommunisten zerstört, nachdem bereits 1952 alle Tekkes vom Tito-Regime verboten worden waren. Um 1500 errichtete der Gouverneur Skender-Pascha in Sarajevo eine Tekke für den Halveti-Naqshbandi-Orden. Unterhalb der „Gelben Festung" wurde bei der Gedenkstätte von Kovaći eine von der Stadt Konya gestiftete neue Tekke errichtet und im Frühjahr 2013 eröffnet. Insgesamt gab es in Bosnien etwa hundert Tekkes; die bedeutendsten

1 Holm Sundhausen: Sarajevo. Die Geschichte einer Stadt, Wien-Köln-weimar 2014, 74.

waren die Sufi-Klöster Gazi Husrev Bey und Sheikh Ibrahim Bistrigiya in Sarajevo und die Hanikah in Tuzla.[2]

Der berühmte türkische Reisende Evlija Čelebi (1611- n. 1683) erwähnt in seinem Reisebuch „Seyahatname" die Tekke als „Paradiesgarten", auch die Tekke in Blagaj, die möglicherweise bereits im 15. Jahrhundert errichtet wurde. Die Hajji Sinan-Tekke in Sarajevo wurde vermutlich von 1638 bis 1640 errichtet, wo die Sufi-Rituale studiert wurden. Die Skender-Pasha-Tekke wurde um 1500 vom gleichnamigen Gouverneur erbaut. Der Dichter Mulhid Vahdeti kritisierte die theologischen Auseinandersetzungen zwischen den verschiedenen Sufi-Schulen. Die Mevlevi-Derwische standen beim Volk in höchstem Ansehen. Das Mevlevi-Kloster von Bentbasha stand unmittelbar am Fluss Miljacka; 1952 musste es schließen, weil alle Sufi-Orden von der kommunistischen Regierung verboten wurden.

Džemaludin Čaušević, der letzte von den Osmanen ausgebildete Großmufti von Bosnien, unterrichtete Rumis „Masnawi" in Sarajevo. Seit 1915 hielt er Vorlesungen über das Masnawi. Der in Sarajevo geborene Fejzullah Hadžibarjić (+ 1990) hielt ebenso in Sarajevo Vorlesungen über das Masnawi und übersetzte den ersten Band innerhalb von fünf Jahren. 1980 konnte er auch den zweiten Band vollenden und zum Druck vorbereiten. Das Buch „Die Rumi-Rezitatoren von Sarajevo" führt in die klassische Welt der persisch-musli-

2 Ahmed Kulanić: Sufi orders in Bosnia and Herzegovina, www.academia.edu/9825926/Sufi_orders _in_Bosnia_ and_Hercegovia.

mischen Literatur und macht deutlich, wie ein lyrisches Werk auch Jahrhunderte nach dem Tod des Autors in einer völlig anderen Welt weiterlebte. Ein vergessenes Kapitel europäischer Kulturgeschichte soll damit wieder in Erinnerung gerufen werden.

W.B.

HINWEIS ZUR UMSCHRIFT

Die fremdsprachigen Ausdrücke stammen aus verschiedenen Sprachen (Arabisch, Bosnisch, Persisch, Türkisch, etc.), für die es unterschiedliche Systeme zur Transkription gibt. Deshalb ist die Umschrift nicht durchgängig einheitlich, so kommen zum Beispiel die Formen *walî* (Arabisch) und *veli* (Türkisch) nebeneinander vor. Die meisten Fachtermini werden nur bei der ersten Nennung kursiv in wissenschaftlicher, ansonsten recte in vereinfachter Umschrift wiedergegeben. Zum Beispiel *samâ'-khâna* und Sama-Khana.Bei inzwischen eingedeutschten Worten („Derwisch“) wird die eingebürgerte Schreibweise beibehalten.

DIE TRADITION DES SUFITUMS

Als der Islam sich aus seiner ursprünglichen Offenbarung im Laufe der Zeiten und durch die wachsende Anzahl von Ländern und Menschen, die ihn angenommen hatten, weiterentwickelte, entstanden unweigerlich unterschiedliche Glaubensauffassungen. Eine dieser Richtungen war der *taṣawwuf*[3], der Sufipfad, der im Allgemeinen auch als islamische Mystik bezeichnet wird. Das Sufitum ist seinem Wesen nach eine spirituelle Tradition, die auf die Tage des Propheten und seiner frühen Gemeinschaft zurückgeht. Doch stellte sich diese Tradition anfangs nicht als exakte und systematisierte Denkschule dar, bis ihre Vertreter im neunten Jahrhundert die Notwendigkeit erkannten, sich in Bezug auf die verschiedenen Ideen und religiösen Anschauungen, die inzwischen in der islamischen Welt aufgekommen waren, genauer zu definieren.

Die frühe Entwicklung des sufischen Denkens kann bis zu herausragenden einzelnen Persönlichkeiten wie

3 Über Bedeutung und Herkunft des Begriffs gibt es verschiedene Auffassungen. Der perische Sufimeister Hujwîrî (gest. 1071) führt dazu aus: „Einige behaupten, dass der Sufi so genannt wird, weil er ein wollenes Gewand (*jâma-i* ṣûf) trägt; andere, weil er in der ersten Reihe (*ṣaff-i awwal*) steht, andere wieder sagen, es sei so, weil die Sufis behaupten, zu den *aṣḥ*âb-i *ṣuffa* (den ‚Leuten der Veranda‘, die sich in Medina um den Propheten scharten) gehören. Und wieder andere erklären, dass der Name von *ṣafâ*, ‚Reinheit‘, abgeleitet sei.“ (in: Annemarie Schimmel, Mystische Dimensionen des Islam, Diederichs, Köln 1985, S. 30f.) Eine weitere Ableitung ist die vom griechischen *sophia*, „Weisheit“. (Anm. d. Übers.)

Tanzende Derwische (1890)

Hasan al-Basrî (gest. 728)[4], Râbi'a al-Adawîyya (gest. 801)[5] und Abû Yazîd al-Bisṭâmî (gest. 874)[6] zurückverfolgt werden. Im zehnten Jahrhundert lässt sich das Sufitum im Wesentlichen in zwei gegenläufige Schulen einteilen: In die „nüchterne" und die „gottestrunkene" Schule. Diese beiden Wege unterschieden sich nicht unbedingt in der Auffassung über die Quelle oder das Verständnis der Gottsuche, denn sie akzeptierten gegenseitig ihre spirituellen Standpunkte und Ebenen der mystischen Erkenntnisse. Der Streitpunkt zwischen ihnen bestand eher darin, in welcher Form sich der Ausdruck der Gottsuche manifestiert.

Einhergehend mit dem Zerfall der Macht der Abbasiden[7] im elften und zwölften Jahrhundert und der Zersplitterung des muslimischen Mittleren Ostens in viele rivalisierende Kleinstaaten, erlangte der Pfad der gottestrunkenen Sufis immer größere Beliebtheit und Ausbreitung. Es ist daher kein Zufall, dass diese Form des Sufitums sowohl seinen höchsten als auch bedeutendsten und wortgewandtesten Ausdruck während der

4 Hasan al-Baṣrî vertrat eine asketische und gegen die Willkür der Obrigkeit gerichtete Haltung.

5 Auch als Rabia Basri bekannt. Diese erste verbürgte Sufifrau hat das Element der selbstlosen Liebe in die eher asketische Lehre der frühen islamischen Mystiker eingeführt.

6 Auch Bayezid Bistami genannt. In Spencer Triminghams Standardwerk *The Sufi Orders in Islam* (Oxford 1971) gilt Bistami als „Urvater" der Khorassaner oder gottestrunkenen Schule des Sufitums. Junaid (gest. 910) dagegen als „Begründer" der Irakischen oder nüchternen Schule.

7 Dynastie, die auf 'Abbâs (um 565 - um 653), einem Onkel des Propheten, zurückgeht. Die Abbasiden stellten von 750 bis 1258 die Kalifen in Bagdad. (Anm. d. Übers.)

politischen und gesellschaftlichen Unruhen im Anatolien des dreizehnten Jahrhunderts fand. Es war eine Zeit, in der verschiedene türkische Seldschukenstaaten[8] mit dem vergehenden byzantinischen Reich um die Herrschaft über die Herzen und Köpfe der unzähligen Ethnien und religiösen Sekten in diesem Land rangen.

Paradoxerweise folgte dem politischen Zusammenbruch des islamischen Staatswesens ein Aufblühen des sufischen Denkens, und man kann diese Epoche mit Recht das goldene Zeitalter des Sufitums nennen. Damals wirkten bedeutende Sufimeister wie Farîd ud-Dîn 'Aṭṭar (gest. 1220)[9], Ibn 'Arabî (gest. 1240)[10], Haji Bektâsh Veli (gest. um 1271)[11] und Jalâl ud-Dîn Rûmî (gest. 1273). Wenn auch nicht alle dieser Persönlichkeiten in Anatolien lebten, verflochten sich innerhalb weniger Jahrzehnte nach ihrem Tod ihre Weisheit und Lehren und mündeten schließlich in einen geistig hochstehen-

8 Die Seldschuken waren eine türkische Dynastie in Vorderasien (1040-1157, in Anatolien bis 1308), mit der in Anatolien die Turkisierung begann. Rûmî lebte im Sultanat der Rum-Seldschuken, woher sich auch sein Name ableitet. (Anm. d. Übers.)

9 'Aṭṭar ist bekannt für sein poetisches Meisterwerk der Mystik *Manṭiq uṭ-ṭair* („Vogelgespräche"), in dem eine Schar von dreißig Vögeln sich auf die Suche nach dem Sîmurgh (dem König der Vögel, Gott) macht und dabei die Identität der Einzelseele mit dem göttlichen Wesen entdeckt (*sî* = „dreißig", *murgh* = „Vogel"). (Anm. d. Übers.)

10 Ibn 'Arabî wurde 1165 in Murcia geboren und starb 1240 in Damaskus. Aufgrund seines großen Einflusses auf die Sufi-Philosophie wird er zuweilen auch *ash-shaykh al-akbar* („der größte Scheich") genannt, wiewohl er bei den orthodoxen Theologen nicht wohl gelitten ist. (Anm. d. Übers.)

11 *Veli* ist die türkische Form von *walî*, vgl. Anm. 46. Haji Bektâsh stammte aus Khorassan und wirkte in Anatolien. Einer der bekanntesten Bektashi ist der anatolische Dichter Yunus Emre (um 1249 - um 1321). (Anm. d. Übers.)

den und literarisch geschliffenen Ausdruck der gottestrunkenen Schule des Sufitums, die letztlich im größeren Kontext der nun etablierten osmanischen Macht eine gefestigte gesellschaftliche, kulturelle, intellektuelle und religiöse Ordnung in Anatolien und auf dem Balkan hervorbrachte. Vor diesem Hintergrund werden wir nun die spirituellen Methoden eines dieser Meister betrachten, nämlich die von Jalâl ud-Dîn Rûmî.

Tanzende Derwische

JALÂL UD-DÎN RÛMÎ UND SEIN SUFIORDEN

Zu den bedeutendsten Persönlichkeiten in der Geschichte der islamischen Zivilisation gehört zweifelsohne der Sufidichter, Mystiker und Philosoph Jalâl ud-Dîn Rûmî, der im dreizehnten Jahrhundert lebte. Er war eine ungeheuer wichtige Gestalt, deren Einfluss auf die Mystik bis zum heutigen Tage fortdauert. In der muslimischen Welt ist er überall als *Mevlana* (oder *Maulânâ*[12]) bekannt, eine Bezeichnung, die einfach „Unser Meister" bedeutet.

Einer Legende nach (die zumindest wahr sein könnte) begleitete Jalâl ud-Dîn als kleines Kind seinen Vater auf eine Reise, die sie durch die persische Stadt Nishapur führte, den Heimatort des berühmten Sufidichters Farîd ud-Dîn 'Aṭṭar. Der kleine Rûmî lief direkt hinter seinem Vater Bahâ' al-Dîn Walad her, der ihn an der Hand hielt. Als 'Aṭṭar sie so erblickte, rief er aus: „Seht! Ein See zieht einen Ozean hinter sich her!" Dann überreichte 'Aṭṭar dem Knaben die Abschrift eines seiner mystischen Divane[13]. Jedem, der mit den Schriften 'Aṭṭars vertraut ist, fällt auf, dass er eine große Inspiration für Rûmîs Denken und Dichtung gewesen ist, ganz gleich, ob dieses Treffen nun tatsächlich stattgefunden hat oder nicht.

12 Maulana ist die persische Form. Persisch war Rûmîs Muttersprache, in der er auch das *Masnawi* dichtete, und zwar nur mündlich, aufgeschrieben wurden die Verse von seinen Schülern. (Anm. d. Übers.)

13 Gedichtsammlung. (Anm. d. Übers.)

Rûmî wurde in der heute in Afghanistan gelegenen Stadt Balkh in eine Familie geboren, die seit Generationen für ihre islamische Gelehrtheit bekannt war. Die Familie sah sich aufgrund der unruhigen politischen Lage, von der die Region wegen der Plünderung Balkhs durch die Mongolen 1220 erfasst wurde, gezwungen, Richtung Westen zu emigrieren. Sie ließ sich schließlich in Anatolien in der Stadt Konya nieder, wo Rûmîs Vater aufgrund der Einladung des Seldschukenherrschers Kayqubad I. (gest. 1237) die Stellung des Muftis[14] einnahm. Rûmî wurde selbst ein anerkannter Theologe und Lehrer und seine Vorlesungen zogen viele Studenten an. Sein Ruf als Gelehrter (*'âlim*) verbreitete sich in nah und fern. Doch eines Tages sollte sich all das ändern. Ein Wanderderwisch[15] verwickelte ihn mitten auf dem belebten Basar in eine Diskussion und änderte damit für immer Richtung und Zweck seines Leben. Diese Begebenheit entzündete das Feuer der verborgenen Schönheit der göttlichen Liebe in Rûmîs Herzen. Er ließ seine Studien, seine Studenten und sogar seine Familie im Stich, um die ganze Zeit in Gesellschaft dieses exzentrischen Derwischs zu verbringen, dessen Name Šams-i Tabrîzî (gest. 1248) – Sonne von Täbris[16] – lautete. Rûmîs

14 Islamischer Rechtsgelehrter, der religiöse Rechtsgutachten (*fatwâ*) erstellt. (Anm. d. Übers.)

15 Derwisch von Persisch „arm, Bettler“, entspricht dem Arabischen *faqîr* („Fakir“) von *faqr*, „Armut“.

16 Täbris, Stadt im iranischen Aserbaidschan. Šams ist auch unter den Namen Šams ud-Dîn (Tabrîzî) bekannt, was „Sonne des Glaubens“ (aus Täbris) bedeutet. (Anm. d. Übers.)

Schüler und Anhänger wurden eifersüchtig auf Šams und vertrieben ihn unter Androhung von Arrest und Gewalt von der Seite ihres Lehrers. Rûmî war wegen Šams Verschwindens voller Verzweiflung und machte sich auf den Weg, um seinen geliebten Gefährten zu suchen. Schließlich fand er ihn und die beiden kehrten nach Konya zurück. Doch machte sich unter Rûmîs Familie und Schülern erneut Unmut breit. Angeblich ordnete sein eigener Sohn an, den Derwisch zu töten und seine Leiche in einen Brunnen zu werfen.[17] Es war diese endgültige Trennung von Šams, die Rûmî zu seinem berühmten wirbelnden Drehtanz und zur Dichtung unzähliger Verse inspirierte, die er in diesem anmutigen, berührenden und bemerkenswerten Zustand der Liebe empfing.

Noch zu Rûmîs Lebzeiten sammelte sich um ihn herum eine ergebene Gefolgschaft von Mystikern, die an seinen außergewöhnlichen spirituellen Einsichten teilhaben wollte. Durch diese Leute, Rûmîs *khalîfahs* (Stellvertreter), verwandelte sich die Bewegung allmählich in einem Sufiorden (*tarîqat*). Diese Khalifahs, Çelebî Husâm (gest. 1284), Sultân Walad (gest. 1312) und Ulu Ârif Çelebî (gest. 1320) waren es, denen der

17 Nicht alle halten es für erwiesen, dass Shams tatsächlich ermordet wurde. Eine andere Version lautet, dass er verschwand, um für Rûmî nicht zu einem Götzen zu werden, der ihn von der wahren Gottesliebe abhält. Der Trennungsschmerz sollte Rûmî zur letzten Stufe seiner spirituellen Ausbildung bringen, und der Großteil seines Werkes ist ja tatsächlich erst aus diesem Gefühl des Verlustes und der Sehnsucht entstanden. Für Sufimeister wie Šams wäre das durchaus kein unübliches Verhalten.

Mevlevi-Orden viele der Rituale zu verdanken hat, für die er so bekannt ist, vor allem den Drehtanz (*samâ'*[18]).

Ungeachtet Rûmîs Entwicklung einer hochentwickelten und ekstatischen Mystik gehörte die Tradition, die er begründete, zweifelsohne in den Bereich des normativen Islam und kann daher nicht der gottestrunkenen Schule des Sufitums zugerechnet werden, die im dreizehnten Jahrhundert inzwischen häufig offen gegen die rechtlichen sowie auch gesellschaftlichen Regeln verstieß. Tatsächlich wird das durch Rûmîs Ruf als Gelehrter der Scharia belegt. Auch nach seinem Ableben war der Mevlevi-Orden während seiner ganzen langen Geschichte den Regeln des orthodoxen sunnitischen Islams (zumindest äußerlich) fest verbunden geblieben.

Eines der auffälligsten und erstaunlichsten Merkmale der Mevlevi-Philosophie ist die vielschichtige Bedeutung der Liebe, sowohl der göttlichen wie auch der weltlichen. Rûmî war der festen Überzeugung, dass sowohl göttliche wie weltliche Liebe das Universum ins Sein gebracht hat und seine Existenz aufrechterhält. Eine Mevlevi-Technik, durch die man Gott erreicht, bestand darin, sich Ihm durch die Betrachtung der Schönheit eines jeden Dinges und Wesens im Kosmos zu nähern. Dies führte dazu, dass Rûmîs Derwische sich der Musik und Literatur als Mittel zum Ausdruck dieser Schönheit widmeten. Eine solche freigeistige und allumfassende Philosophie hat dem Orden bis heute eine

18 Die Grundbedeutung von *samâ'* ist „(meditatives) Hören". (Anm. d. Übers.)

große Anziehungskraft verliehen. Erhabene theosophische Spekulationen, die in der Literatur des Ordens keine Seltenheit sind, belegen, dass die Mevlevi eine äußerst komplexe Spiritualität entwickelt haben. Daher überrascht es nicht, dass während der osmanischen Zeit die meisten Anhänger und Gönner des Ordens in der städtischen Elite zu finden waren. Unter den Literaten des osmanischen Reiches ragten etliche Mevlevi-Dichter hervor, nicht wenige von ihnen stammten aus den Ländern des Balkans.

In die Reihen der Mevlevi aufgenommen zu werden war alles andere als einfach. Wie bei jedem anderen Sufi-Orden auch, musste ein Initiationsgesuch beim Scheich oder Dede[19], dem Leiter einer Tekke – eines Sufikonvents – gestellt werden. Das geschah für gewöhnlich durch die Vermittlung eines bereits voll initiierten Mitglieds. Wurde der Anwärter in Hinsicht auf Charakter und geistige Fähigkeiten für geeignet befunden, wies ihn der Scheich an, er solle sich

„...baden und an dem vereinbarten Tag erscheinen. Der *muḥib*[20], das ist der Anwärter als *murid*[21], erscheint am festgelegten Tag mit einer Sikke (eine Art konischer Hut). Er küsst dem Scheich die Hand und setzt sich zu seiner Linken. Beide wenden ihr Gesicht Richtung *qibla*[22] und lesen gemeinsam ein Gebet der Buße. Ist das Gebet gelesen, nimmt der Scheich die vom Anwärter

19 Türkisch wörtlich „Großvater"; ältere Respektperson. (Anm.d.Übers.)
20 „Liebender"
21 Sufischüler (Anm. d. Übers.)
22 Arabisch *qibla*, Gebetsrichtung zur Kaaba. (Anm. d. Übers.)

mitgebrachte Sikke in beide Hände und liest dreimal – nach rechts, links und nach vorne – die Sure *Ikhlas*[23] und haucht gegen die Sikke. Dann lässt er den Anwärter auf dem linken Knie niederknien, hält die Sikke Richtung Qibla, und nachdem er erklärt hat, dass er im Namen Mevlanas handelt, küsst er die Sikke von rechts, links und von vorne und setzt sie dem Kandidaten auf. Mit seinen Händen auf der Sikke spricht er das *takbîr*[24]. Dann streicht der Scheich über den Rücken des Anwärters, dessen Kopf auf dem Knie ruht, und bringt ihn wieder zum Stehen. Zum Schluss tauschen sie, sich an den rechten Händen haltend, einen Kuss."[25]

War diese Zeremonie vollzogen, hatte der Muhib die Wahl, für die Zeit von 1001 Tagen in der Tekke zu dienen und zu einem Dede zu werden oder ein Laienbruder zu bleiben. Entscheidet er sich fürs Erstere, durchlief er eine Zeit von Prüfungen und Unterweisungen, die čilla[26] (Klausur) genannt wurde. Während

23 Sure 112. Der Titel dieser Sure variiert in den deutschen Übersetzungen erheblich: „Glaube ohne Vorbehalt" (Paret), „Erklärung von Gottes Vollkommenheit" (Asad), „Die Reinigung" (Henning), „Aufrichtige Hingabe" (Schimmel) oder „Bekenntnis der Einheit" (Rückert):
„Sprich: Gott ist einer,
Ein ewig reiner,
Hat nicht gezeugt und ihn gezeugt hat keiner,
Und nicht ihm gleich ist einer." (Übersetzung Friedrich Rückert) (Anm. d. Übers.)

24 Das Aussprechen der Formel „Allahu akbar" („Gott ist größer") (Anm. d. Übers.)

25 Yazici, T, *Mawlawiyya*, EI, vol. VI, S. 883-4.

26 Vom persischen Wort für „vierzig", so viele Tage dauerte die klassische Form der čilla, die oft mit einer strengen Isolation verbunden war. (Anm. d. Übers.)

der Chilla wurde der Muhib nicht nur in Methoden und Philosophie des Sufipfades eingeweiht, sondern er arbeitete auch in der Küche der Tekke und stand in Diensten der älteren Derwische. Der Muhib erhielt zudem Unterricht im Sama, dem Ritual des Drehtanzes, sowie eine musikalische Ausbildung. Während der Chilla war es dem Muhib nicht erlaubt, den Bereich der Tekke zu verlassen, außer um Botengänge und Besorgungen zu erledigen. Nachts schlief er in einer der vielen kleinen Zellen (*hujrah*), die sich für gewöhnlich in den Tekken befanden.

Nach dem erfolgreichen Absolvieren von 1001 Tagen des Dienstes wurde der Muhib auf die letzte Zeremonie vorbereitet, seine Initiation zum vollwertigen Derwisch der Mevlevi. Während dieser Zeremonie kleidete ihn der Scheich der Tekke in das Gewand des Ordens und erteilte ihm Erlaubnis, jene Anwärter zu unterweisen, die in die Tekke eintreten wollten. Nun durfte der neue Derwisch nach Hause zurückkehren und sein alltägliches Leben wieder aufnehmen, wenn er es so wünschte.

Sowohl in Komplexität als auch in Symbolhaftigkeit reichte höchstens noch das Gewand der Bektashi an das der Mevlevi heran. Beim wöchentlichen Dhikr[27] und Sama wurde es von allen getragen, die daran teilnahmen. Das Gewand bestand aus einer schwarzen *jubbah* oder Robe, einem langen weißen ärmellosen Kittel,

27 Gottgedenken, lautes oder stilles Memorieren der Namen Gottes. (Anm. d. Übers.)

tannûrah genannt, einer eng sitzenden Weste namens *dastagul* und einem Gürtel, dem *alf-i namad.* Jeder Derwisch und jeder Scheich trug eine hohe, konisch geformte Sikke aus Kamelhaar. Die Scheichs durften sich um den unteren Rand ihrer Sikke einen Musselin-Turban binden, die Sayyids (Nachfahren des Propheten) einen rauchgrauen, die anderen Scheichs einen weißen.

Die Strukturen einer Mevlevi-Tekke ähnelten denen der Konvente anderer Orden im Osmanischen Reich. Die größeren Mevlevi-Konvente hießen *astânah* oder *Mevlevî-khâna.* Nur in ihnen konnten die Chilla und die Initiationszeremonie vollzogen werden. Ein Astanah bestand für gewöhnlich aus mehreren Einrichtungen, die wichtigste war das *samâ'-khâna*, wo der Drehtanz stattfand. Das Sama-Khana konnte in der Größe variieren, besaß aber zumeist denselben Grundriss. Als Beispiel folgt die Beschreibung des Sama-Khana des Astanah in Thessaloniki, die ein deutscher Reisender[28] zu Beginn des zwanzigsten Jahrhundert gegeben hat:

„Man betritt einen großen Saal, der jenen vertraut vorkommt, die bereits die Tekke von Pera[29] besucht haben. Den zentralen Teil des Saals nimmt ein polierter kreisförmiger Holzboden ein, der von einer niedrigen hölzernen Balustrade begrenzt wird. Neben dem Eingang führen links und rechts Treppen zu einem kreisför-

28 Martin Hartmann, 1851-1918, deutscher Arabist und Islamwissenschaftler. (Anm. d. Übers.)

29 Viertel in Istanbul, nördlich des Goldenen Horns, heute Teil von Beyoğlu. (Anm. d. Übers.)

migen Balkon hinauf, von dem ein Teil für die Musiker reserviert ist, die den Tanz begleiten. Ein weiterer größerer Teil des Balkons ist für die Damen reserviert, die die Zeremonie durch ein hölzernes Gitterwerk verfolgen. Der Rest des Balkons steht Ungläubigen zur Verfügung, die zuschauen wollen …“[30]

Weiterhin befanden sich auf dem Gelände des Konvents für gewöhnlich eine kleine Moschee (*masjid*), Wohnstuben und Speisesäle sowie das Domizil des Scheichs. Viele Astanahs besaßen Räume, in denen Derwische während ihrer spirituellen Klausur wichtige Manuskripte wie den Koran oder das *Masnawi* kopieren konnten.

Weniger bedeutende Mevlevi-Konvente wurden *zâwiyah*[31] genannt. Auch wenn sie nicht das Ansehen der großen Astanahs besaßen, konnte an diesen Orten ebenfalls das Sama vollzogen werden. Diese Einrichtungen standen auch den Laienbrüdern offen. Eine dieser Zawiyahs im Nordwesten von Thessalien[32] hat der Engländer Edward Lear[33] im Frühjahr 1847 besucht. Er gibt eine kurze Beschreibung der Gastfreundschaft, die den Gästen der Zawiyah zuteil wurde:

30 Hartmann, M., *Der islamische Orient*, vol. III, Leipzig, 1910, S. 11.
31 Arabisch „Winkel, Ecke“. (Anm. d. Übers.)
32 Landschaft im Norden Griechenlands. (Anm. d. Übers.)
33 Edward Lear, 1812-88, britischer Maler und Schriftsteller, lebte von 1855-64 auf der damals unter britischem Protektorat stehenden Insel Korfu, von wo aus er Reisen in die Balkanprovinzen des Osmanischen Reiches unternahm. (Anm. d. Übers.)

„Sie nennen den Derwisch Dede Effendi, er ist der Vorsteher eines kleinen gastfreundlichen Konvents, der von der Familie Hasan Beys gegründet wurde, der beträchtliche Summen Geld für die Unterstützung von Armen ausgibt, die des Weges entlang kommen. Der Derwisch ist verpflichtet, allen, die ihn darum bitten, für eine Nacht Kost und Logis zu gewähren.“[34]

So wie andere Sufiorden praktizierten die Mevlevi ein gemeinschaftliches Dhikr, das rituelle Rezitieren der Namen Gottes. Dieses Ritual konnte zumindest zwei Formen annehmen: Als herkömmliches Dhikr und als Sama, dem Drehtanz. Das erstgenannte findet im Sama-Khana statt, wo die Derwische im Kreis auf Schafsfellen sitzen, während der Scheich in der *miḥrâb* Platz nimmt, der Gebetsnische, die die Richtung nach Mekka anzeigt. Zu Beginn des Rituals werden verschiedene Verse des Korans rezitiert, worauf das wiederholende Skandieren des Namens „Allah“ folgt. Dieses Skandieren steigert sich allmählich im Tempo, bis „die beiden Silben des Wortes ‚Allah‘ nicht mehr voneinander zu unterscheiden sind und die Körper der Derwische sich bei ihrem Singsang ungestüm hin und her wiegen“[35].

Die Mevlevi führten ihre Zeremonien für gewöhnlich an Montag- und Donnerstagabenden durch, Tage, die in der islamischen Tradition heilig sind. Zu besonderen Gelegenheiten (zum Beispiel der Erfüllung eines

34 Lear, Edward, *Journals of a Landscape Painter in Albania*, London 1851, S. 406.

35 Gölpinarli, *Mevlana'dan sonra mevlevilik*, S. 411

Gelübdes oder zu bestimmten Feiertagen) versammelten sich die Derwische jedoch, um ein besonderes Sama aufzuführen, das *ayn-i jam*[36] genannt wird. Die Mevlevi-Derwische in Sarajevo veranstalteten beispielsweise in der siebenundzwanzigsten Nacht des Ramadan in Anschluss an die Nachtgebete (*salât ut-tarawîh*) mit dem Sama ein spezielles Dhikr in der Gazi-Husrev-Beg-Moschee[37]. Dieses Ritual unterschied sich nur geringfügig von den üblichen Samas, außer, dass es nicht im Sama-Khana durchgeführt wurde.

Das Sama oder der Drehtanz ist eine Besonderheit, die den Mevlevi eine enorme Aufmerksamkeit verschafft hat. Aufgeführt im Sama-Khana der Tekke war diese Form der Gotteserinnerung einzigartig unter den vielen Sufiorden der muslimischen Welt. Der alleinige Zweck des Sama bestand darin, den Praktizierenden auf eine Stufe der Ekstase zu befördern, die es ihm ermöglicht, eine Ahnung göttlicher Freude und gesteigerter Spiritualität zu erlangen. Für die Derwische war es „ein Ausdruck kosmischer Freude, die durch den gleichzeitigen Effekt von Auslöschung und Verklärung erfahren wurde“[38].

Aber man darf das Sama nicht als bloßen verzückenden Tanz missverstehen. Es war ein Ritual mit reichhaltigen Zeremonien und Symbolen. Die verzwickten Details der Aufführung erforderten, dass sämtliche Teilnehmer zuvor akribisch in ihrer Durchführung un-

36 Persisch „Vereinigung“. (Anm. d. Übers.)
37 Errichtet 1531. (Anm. d. Übers.)
38 Friedlander, ebd., p. 87.

terwiesen wurden. Die Musik spielte beim Sama eine Schlüsselrolle, mehr als in jedem anderen Sufiorden. Ohne musikalische Begleitung konnte das Sama nicht durchgeführt werden. Jede Mevlevi-Tekke bildete Derwische an den verschiedenen Instrumenten aus, die zu einem Orchester gehören, und zwar „*ney*[39], *kudum*[40], Trommeln und Violinen“[41].

Auch wenn die Öffentlichkeit normalerweise beim Sama zuschauen durfte, war es gewiss keine Zeremonie, an der ein Nichtinitiierter teilnehmen konnte. Am festgelegten Tag der Aufführung versammelten sich die Derwische nach den Nachtgebeten im Sama-Khana. Dort hatte der *meydancı*, der das Sama-Khana beaufsichtigte, bereits das Schafsfell für den Scheich in der Mihrab bereit gelegt. Alle Derwische nahmen dann die ihnen zugewiesenen Plätze ein und das Orchester begab sich zu seinem Platz auf dem Balkon. Weil das Ritual so komplex ist, lohnt es sich, hier eine detaillierte Beschreibung wiederzugeben:

„Der Masnavihan[42] [der das *Masnawi* rezitiert] liest einen Abschnitt aus dem *Masnawi*, während der Scheich sein *pôst duasi*[43] spricht. Dann hören sie dem

39 Rohrflöte (Anm. d. Übers.)

40 Trommelpaar, das mit Schlägeln gespielt wird. (Anm. d. Übers.)

41 Ebd., S. 30.

42 Manche unterscheiden den „Masnavihan“ (türkische Schreibweise), der den Text auf Türkisch liest, vom „Masnawi-Khwan“, der den originalen persischen Text liest, übersetzt und auslegt. (Anm. d. Übers.)

43 Gebet für den Propheten und seine Gefährten, Mevlana und seine Anhänger und Nachfolger bis zum derzeitigen Oberhaupt des Ordens, und für den gerade herrschenden Sultan des Osmanischen Reichs. *Pôst* = Schafsfell, auf dem der Scheich sitzt; *du'a* = Gebet. (Anm. d. Übers.)

von den Musikern aufgeführten *na't* [Lobpreis des Propheten] zu. Anschließend erheben sich der Scheich und alle Samazens oder Teilnehmer und schlagen mit den Händen auf den Boden. Der Scheich schreitet im Takt zur Musik ganz langsam nach rechts, und sobald er sich drei Schritte vom Fell entfernt hat, nimmt derjenige hinter ihm die Position beim Fell ein, neigt seinen Kopf zum Gruß und schreitet vor dem Fell auf die andere Seite, ohne seinen Fuß auf die *hatt-i isteva*[44] zu setzen und stellt sich mit dem Gesicht zum Fell gewandt auf. Der ihm Folgende geht ebenfalls vor dem Fell vorbei. Diese beiden Teilnehmer stehen sich nun Gesicht zu Gesicht gegenüber. Dann grüßen sie einander, indem sie ihre rechte Hand von links oben in der *khirqa*[45] [Weste] zum Herzen streichen und die linke Hand zur rechten Seite. Als nächstes dreht sich der eine um und folgt dem anderen, der ihm vorausgeht. Alle *cans* vollziehen dieses Ritual vor dem Fell. Dann schreiten sie im Takt der Musik. Wenn der Scheich zum Fell kommt, hält er an und hat den ältesten *nevniyâz* [Novizen] vor sich und sie tauschen den Gruß aus. Damit ist der erste Devran oder Abschnitt beendet. Der zweite und dritte Devran folgen auf dieselbe Weise. Ist der dritte Devran beendet, begibt sich der Scheich wieder zu seinem Fell. In diesem Augenblick beginnt die Ney oder Rohrflöte mit einer Improvisation und spielt, bis der Scheich sich auf

44 Unsichtbare Linie, die vom Schafsfell des Scheichs Richtung Qibla führt. (Anm. d. Übers.)
45 Ursprünglich der Flickenrock der Derwische. (Anm. d. Übers.)

dem Fell niedergelassen hat, woraufhin die Zeremonie beginnt. Der Scheich und die Samazens entbieten ihren Gruß[46]. Die Samazens legen ihre Khirkas ab und legen sie auf den Boden. Dann führen sie den rechten Arm diagonal über den linken, so dass die rechte Hand die linke Schulter hält und die linke Hand die rechte Schulter. Der Scheich geht vor das Fell und entbietet seinen Gruß und die anderen tun es ihm gleich. Als nächstes begeben sich die Samazens, den rechten Fuß zuerst setzend, einer nach dem anderen zum Scheich, grüßen ihn und küssen seine Hand. Dann entfalten sie ihre Arme, die linke Hand ein wenig höher, machen drei kleine Schritte und beginnen sich zu drehen. Der *samazen başi* oder Anführer der Teilnehmenden, leitet das Sama. Dem ersten, der sich dreht, folgen die anderen in genau gleicher Weise. Wenn der *selam* gegeben werden soll, nähert sich der Scheich, der neben seinem Fell steht und entbietet den Gruß. Die Samazens kommen zu zweit oder zu dritt, berühren sich über Kreuz mit den Schultern und bilden Gruppen. Damit beginnt der zweite Devran, der dem ersten ähnelt. Dieses Mal führen die Samazens einen Gruß vor dem Scheich auf und küssen seine Hand. Der dritte und vierte Devran folgt in derselben Weise.“[47]

Die Sama-Zeremonie endet mit der vierten Stufe, bei der die Derwische ihr Drehen auf den äußeren Kreis

46 Der „Gruß“ kann im Zusammenhang mit dem Sama-Ritual auch ein Gesang bedeuten. (Anm. d. Übers.)

47 Yazici, ebd., S. 885.

beschränken und der Scheich sich persönlich dem Reigen anschließt. Er vollführt sein Sama in der Mitte des Kreises und symbolisiert mit dieser Position Mevlana Rûmî, der als „Achse der Heiligkeit" oder als *quṭb ul-awliyâ'*[48] betrachtet wird.

48 *Quṭb* bedeutet „Pol, Achse"; *awliyâ'* ist der Plural von *walî* („Gottes Freund, Heiliger"). (Anm. d. Übers.)

Das politische Geschick der Osmanen ermöglichte es, dass die vielen Sufibewegungen, die es im ganzen Reich gab, in das gesellschaftliche Gefüge des Staates eingebunden werden konnten. Parallel mit der Festigung und Zentralisierung dieses mächtigen Staates organisierten sich die Tariqats zunehmend systematischer und viele der unorthodoxen Tendenzen innerhalb der gottestrunkenen Orden wurden in die existierenden Tariqats integriert (so war es bei den Bektashi der Fall). Aufgrund der immensen Beliebtheit der Sufiorden bei der muslimischen Bevölkerung Anatoliens und auf dem Balkan dienten die Tariqats als Verbindung zwischen dem Palast und seinen Untertanen. Zudem zogen die verschiedenen Tariqats unterschiedliche Arten von Leuten an. Als allgemeine Regel waren die Regierungseliten eng mit den Khalwati verbunden, die *'ulamâ*[49] eher mit den Naqshbandi und die Bektashi mit dem Militär. Die Mevlevi waren für ihre enge Beziehung mit Dichtern und Intellektuellen bekannt, obwohl ihr Einfluss ebenso in den Kreisen der Regierung zu spüren war. Tatsächlich besaß der Çelebî (Titel des Oberhaupts des Ordens) das Privileg, die neuen Sultane bei ihrer Thronbesteigung mit dem Schwert ihres Vorfahren, Osman Ghazi[50], zu gürten. Diese enge Beziehung zu den Os-

49 Plural von *'âlim*, islamischer Religionsgelehrter. (Anm. d. Übers.)
50 Osman I., 1258-1326, Begründer der Dynastie der Osmanen. (Anm. d. Übers.)

manen gewährte den Mevlevi reichliche Mittel, um die Gelehrsamkeit und die schönen Künste zu entwickeln. Im Gegenzug versorgten sie die Eliten der osmanischen Gesellschaft mit einer verfeinerten und eleganten Tradition der spirituellen Erleuchtung und dem inspirierten Ausdruck dieser Erfahrungen.

In der Zeit, als Sultan Mehmed II. Fatih[51] 1463 Bosnien eroberte, hatten die Lehren und die Rituale der Mevlevi mehr oder weniger die Form angenommen, die wir heute kennen, und die Tradition Rûmîs hatte sich im gesamten Osmanischen Reich verbreitet, wobei der Balkan keine Ausnahme bildete. Dieser Sufiorden trug viel zur Kultur des osmanischen Balkans bei und brachte etliche bedeutende Denker hervor, die nicht nur in ihrer europäischen Heimat dauerhafte Spuren hinterließen, sondern auch in den anderen Gebieten des Reichs. Noch lange nach der Abtrennung dieser Region vom Osmanischen Reich lebte das Erbe Mevlanas fort bis ins einundzwanzigste Jahrhundert, und zwar durch das Wirken der Masnawi-Khwans von Sarajevo, den Interpreten von Rûmîs opus magnum, dem *Masnawi*.

Es ist nicht bekannt, wann die allererste Tekke der Mevlevi auf der Balkanhalbinsel gegründet wurde, doch geschah es sicher zeitgleich mit der Blüte des Ordens in Istanbul während des siebzehnten Jahrhunderts. Nach den meisten Berichten wurden während der langen

51 Lebte von 1432-81, herrschte von 1444-46 und von 1451-81. Der Beiname „Fatih“ bedeutet „Eroberer“. Eroberte unter anderem 1453 das damalige Konstantinopel. (Anm. d. Übers.)

Tekke von Blagaj in Herzegowina

Herrschaft der Osmanen etwa dreißig Mevlevi-Tekken in Südosteuropa eingerichtet. Diese Konvente verteilten sich über das weite Gebiet von Budapest bis Kreta. Wir besitzen jedoch keine genaue Kenntnis davon, wann und wie sich das in den frühen Anfängen abgespielt hat.

Beginnen wir unseren kurzen Überblick in Hinsicht auf den Mevlevi-Orden auf dem Balkan, indem wir uns seine Tekken betrachten, die damals in Bosnien-Herzegovina gegründet wurden. Die berühmteste von ihnen, die sich im Bentbasha-Viertel Sarajevos befand, ist bis heute unvergessen. Dieser Konvent besitzt eine äußerst lange Geschichte, die bis zu den Tagen der osmanischen Eroberung im fünfzehnten Jahrhundert zurückreicht. Zu jener Zeit baute Ishaq-Zadeh Isa Beg (ab etwa 1460 der erste Sandschak Beg[52] von Bosnien) eine Zawiyah, die sowohl als Herberge für Reisende als auch als Küche für Arme und Notleidende diente. Dennoch weiß man nicht mit Sicherheit, ob diese alte Einrichtung im Bentbasha-Viertel ursprünglich einem Sufiorden angehörte, aber wenn, dann war es gewiss nicht dem der Mevlevi[53].

Als der Mevlevi-Orden sich Mitte des siebzehnten Jahrhunderts überall auf dem Balkan ausbreitete, geriet

52 Statthalter. Isa Beg Isaković, osmanischer Heerführer, urbanisierte das Tal der Miljacka und ließ viele wichtige Bauten errichten, weshalb er als Gründer Sarajevos gilt. (Anm. d. Übers.)

53 Die Zawiya könnte durchaus von den Naqshbandi geführt worden sein, die zu einem ähnlichen Zweck noch eine andere Einrichtung unterhielten, die Iskander-Pasha-Tekke in den westlichen Vororten von Sarajevo. Diese Tekke wurde ebenfalls kurz nach der osmanischen Eroberung gegründet.

Hajji-Sinan Tekke in Sarajevo (erbaut 1638-1640)

die Zawiya in Bentbasha auf irgendeine Weise in seine Hand. Schon kurz darauf scheint sie als Zentrum für das Mevlevitum von so großer Bedeutung geworden zu sein, dass der berühmte Reisende Evliya Çelebi[54] diese Tekke mit folgenden glühenden Worten beschrieb:

„Auf dem rechten Ufer des Flusses Miljacka befindet sich eine Mevlevi-Tekke, deren Anblick an Schönheit dem Paradiesgarten gleichkommt. Es ist eine Tekke und eine *waqf*[55] von Jalal ud-Din Rûmî. Sie besteht aus einem Sama-Khanah, einem *meydan*[56], achtundsiebzig Zellen für die Derwische, einem Balkon, wo die Derwische der Musik lauschen, einer öffentlichen Küche und ebenso einem Speisesaal. Der Scheich ist ein äußerst gebildeter Derwisch, dessen Bittgebete stets von Allah erhört werden. Der Meister der Musiker (*neyzen başi*) heißt Mustafa der Kalligraph und verfügt über einen außergewöhnlich schönen Schreibstil.“[57]

Es ist nicht bekannt, wer genau der Gründerscheich des Mevlevi-Khana in Bentbasha gewesen ist, doch

54 Evliya Çelebi, 1611-1684, osmanischer Reiseschriftsteller. Sein Werk, das *Sehayatname*, in dem er über seine Reisen im Osmanischen Reich und den benachbarten Ländern berichtet, ist eine wichtige zeitgenössische Quelle und wurde 2013 von der UNESCO zum Weltdokumentenerbe erklärt. (Anm. d. Übers.)

55 Entspricht unserem religiösen Stift, Stiftung. (Anm. d. Übers.)

56 Wörtlich etwa „offener Platz“, bei den Mevlevi eine Räumlichkeit, die vor allem zur Ausbildung der neuen Derwische genutzt wird und in der gelegentlich auch Zeremonien stattfinden. (Anm. d. Übers.)

57 Evliya Çelebi, *Siyahetmane, (Putopis)*, übersetzt von H. Sabanovic, Sarajevo, 1979, S. 10.

Mevlevi Tekke in Sarajevo (erbaut 1462); 1957 von den Kommunisten zerstört; nachgebaut 2013

spricht einiges dafür, dass es sich um denselben handelt, den Evliya Çelebi erwähnt, aber nicht beim Namen nennt.[58] Über die folgenden Scheichs wissen wir mehr, wenn auch längst nicht alles. Von der zweiten Hälfte des siebzehnten Jahrhunderts an stand dem Mevlevi-Konvent in Bentbasha 'Abd ul-Fattâh Dede (gest. 1709) vor. Leider geschah es in den letzten Lebensjahren dieses Mannes, dass die Tekke im Zuge der Plünderung Sarajevos durch die Armee der Habsburger unter dem Kommando des Prinzen Eugen 1697 zerstört wurde[59].

Das Mevlevi-Khana von Bentbasha wurde erst viele Jahre später mit finanzieller Unterstützung der Waqf-Besitztümer des Ishaq-Zadeh Isa Beg wieder aufgebaut. 1781 wurde es vollständig renoviert und erweitert[60]. Dieser Wiederaufbau wurde von 'Uthman Dede (gest. 1814) durchgeführt, der ursprünglich aus Istanbul stammte aber ab 1780 in Sarajevo lebte. Eine wesentliche Erweiterung des Mevlevi-Konvents in Bentbasha stellte der Anbau einer Moschee zwischen 1835 und 1845 dar. Der Imam und *khaṭîb* (Prediger) dieser Moschee war ein Sohn

58 Mujezinović vermutet, dass es ein Haji Mahmud Dede war, der 1650 gestorben ist, während Čehajić einen Atîq Dede erwähnt, der wesentlich früher lebte.

59 Der Feldherr Prinz Eugen von Savoyen-Carignan (1663-1736) berichtete darüber in seinem Kriegstagebuch: „Man hat die Stadt völlig niedergebrannt und auch die ganze Umgebung. Unsere Trupps, die den Feind verfolgten, haben Beute eingebracht, und auch Frauen und Kinder […].“ (Schmidt, Andreas, *Prinz Eugen von Savoyen und die Türkenkriege*, Norderstedt 2006, S.14) (Anm. d. Übers.)

60 Die Mevlevi hatten ihre Aktivitäten in Sarajevo offensichtlich weitergeführt, da Čehajić die Namen vier weiterer spiritueller Meister erwähnt, die mit der Bentbasha-Tekke in Verbindung stehen.

von Uthman Dede, Lutfullah Khoja (gest. 1860), der nach dem Tod seines Vaters ebenfalls Scheich der Tekke wurde. Mitte des neunzehnten Jahrhunderts waren am Bentbasha-Mevlevi-Khana ständige Renovierungen und Restaurierungen nötig. 1860 richtete eine Überflutung der Miljacka schwere Schäden an den Gebäuden an.

Die Zeit der österreichisch-ungarischen Besatzung (die von 1878-1918 andauerte) markierte die letzte Phase in der beinahe dreihundert Jahre währenden Existenz des Mevlevi-Konvents von Bentbasha. Der letzte spirituelle Leiter der Tekke war Rûhî Dede, ein Mensch mit tiefen mystischen Einsichten, der Sohn des vorhergehenden Scheichs Mehmet Fikrî (gest. 1878). Rûhî Dede führte die Tekke bis zu seinem Tode 1924. Während dieser Zeit begann der letzte von den Osmanen ausgebildete Großmufti von Bosnien, Džemaludin Čaušević, damit, Rûmîs *Masnawi* zu unterrichten (worauf wir später ausführlich eingehen werden). Damals verstärkte sich auch die Verbindung der Mevlevi zur Gazi-Husrev-Beg-Moschee. Wie bereits erwähnt, wurde dort im Monat Ramadan zu etlichen Gelegenheiten das Sama durchgeführt. Das ist an sich schon bemerkenswert, wenn man bedenkt, dass es tatsächlich noch nie vorgekommen war, dass Sufis ihre Rituale in Moscheen durchführten, die von der Allgemeinheit genutzt wurden, aber das können wir mit Gewissheit auf Einfluss Čaušević's zurückführen. Zudem hielt der damalige Imam dieser Moschee, Mustafa Effendi Učambarlić, ebenfalls regelmäßige Lesungen aus dem *Masnawi* ab.

Nach dem Tod von Rûhî Dede wurde kein Nachfolger für ihn ernannt, und mit der schwindenden Zahl der Derwische kamen die Aktivitäten der Mevlevi-Tekke von Bentbasha zum Erliegen. 1933 war die Einrichtung zur Schließung gezwungen. Kurz bevor der Zweite Weltkrieg Jugoslawien erfasste, wurde sie kurzzeitig von Mustafa Varešanović, einem Stellvertreter (*wakîl*) des Naqshbandi-Ordens, wiedereröffnet. Nach Kriegsende musste die Tekke 1952 wiederum schließen, als Folge des Verbots aller Sufiorden durch die von der Regierung unterstützte Islamische Gemeinschaft Rijaset. Die Gebäude standen bis 1957 leer, als die Stadt Sarajevo das gesamte Gebiet im Bentbasha-Viertel planieren ließ (samt Tekke, Moschee und Friedhof), dem Erdboden gleichmachte und dort einen kleinen Park anlegte und somit dieser einst blühenden Institution islamischer Spiritualität für immer ein Ende setzte.

Die einzigen anderen Mevlevi-Konvente in Bosnien-Herzegovina, von deren Existenz man weiß, sollen in Mostar und Konjic gelegen haben. Die Informationen über diese Einrichtungen sind jedoch so spärlich, dass Zweifel daran bestehen, ob es sie überhaupt gegeben hat. Der große bosnische Dichter, der aus Mostar stammt, Fawzi Mostarawi (Mostarac)[61], war zweifellos ein Mevlevi. Dennoch herrscht Uneinigkeit, ob er in seiner Heimatstadt selbst eine Tekke einrichtete oder ob

61 Auch Fevzi Mostari (gest. 1747), Verfasser des *Bulbulestân* („Nachtigallengarten"), inspiriert von Sa'dis *Gulistân* („Rosengarten"). *Bolbolestan* ist das einzig bekannte persische Prosawerk, das von einem bosnischen Autoren geschrieben wurde. (Anm. d. Übers.)

Tekke in Sadoniki (zerstört 1917)

er eine bereits vorhandene Tekke im benachbarten Dorf Blagaj[62] als ein Mevlevi-Khana nutzte oder ob beides nicht zutrifft.

Über den angeblichen Mevlevi-Konvent in Konjic findet sich wenig mehr als eine beiläufige Bemerkung in einem Artikel von Nimetullah Hafiz, was ebenfalls die Frage nach seiner tatsächlichen Existenz aufwirft.

Auf dem gesamten Balkan gibt es etliche Spuren weiterer Einrichtungen der Mevlevi, die wie jene in Bosnien nicht vor dem späten siebzehnten Jahrhundert gegründet worden waren. In diesem Jahrhundert bestand in Belgrad ein Mevlevi-Konvent unter der Leitung von Rajab Dede 'Adnî, der 1689 starb. Es ist nicht bekannt, welches Schicksal diese Tekke während der Besetzung der Stadt durch die Habsburger zwischen 1688 und 1690 ereilte. Selbst für den unwahrscheinlichen Fall, dass sie diese Zeit überstanden hat oder nach Rückeroberung der Stadt durch die Osmanen wieder aufgebaut worden war, wird sie spätestens nach der Vertreibung der muslimischen Bevölkerung aus der Stadt 1867 nicht mehr existiert haben.

Über die Tekke, von der in Niš berichtet wird, ist noch weniger bekannt, außer, dass 1882 ein gewisser Mehmed Dede das spirituelle Oberhaupt gewesen sein soll. Eine weitere Mevlevi-Khana wurde im achtzehnten Jahrhundert in der Stadt Peć durch die Waqf des Khudâverdi Pasha eingerichtet. Diese Tekke

62 In manchen Quellen wird Blagaj als Mostars Geburtsort angegeben, siehe: www.iranicaonline.org/articles/fevzi-mostari.

im Kosovo war bis zu den Jahren kurz vor Ausbruch des Zweiten Weltkriegs geöffnet.

Im osmanischen Ungarn gab es in der Stadt Pećs ein Mevlevi-Konvent. Diese Tekke wurde um 1660 mithilfe einer Schenkung von Ghâzi Hasan Pasha Yakovalı erbaut[63]. Einige Jahre nach ihrer Gründung wurde sie geschlossen und ihre Derwische vertrieben, als sie der berüchtigten gegen die Sufis gerichtete Kadizadeh-Politik[64] der Hohen Pforte[65] zum Opfer fiel. Der Sohn von Hasan Pasha hat die Tekke später dem Orden wieder zurückgegeben und 1680 wurde ein gewisser Mahmûd Dede als Leiter eingesetzt. Dem Nachfolger Mahmûd Dedes, der bemerkenswerte Peçevi Arifî Ahmad Dede (gest. 1724), war nur wenig Zeit vergönnt, diesem Sufi-Konvent vorzustehen. Bei der drohenden Einnahme von Pećs durch die Habsburger floh er mit den Scharen muslimischer Flüchtlinge, die von den Eroberern vor sich hergetrieben wurden, aus der Stadt. Ahmad Dede übernahm schließlich die Stellung des Scheichs des Mevlevi-Konvents in Plovdiv[66] in Bulgarien.

63 In Pećs (deutsch: Fünfkirchen) steht noch heute eine Moschee, dieYakovalı erbauen ließ und die in der zweiten Hälfte des zwanzigsten Jahrhundert restauriert wurde. (Anm. d. Übers.)

64 Mehmed Kadizadeh, 1582-1635, Begründer einer nach ihm benannten fundamentalistisch salafistischen Bewegung, die zeitweise großen Einfluss auf die Politik der osmanischen Sultane, vor allem auf Murad IV. (regierte 1623-40) ausübte. (Anm. d. Übers.)

65 Ursprünglich die Bezeichnung für den Sultanspalast in Istanbul, dann Synonym für den Sitz der osmanischen Regierung. (Anm. d. Übers.)

66 Türkisch Filibe, vom alten Namen Phillipopolis, nach dem Stadtgründer Phillip von Mazedonien, dem Vater von Alexander dem Großen. (Anm. d. Übers.)

Die Tekke von Plovdiv wurde im siebzehnten Jahrhundert, als sich die Mevlevi in einer großen Welle auf dem Balkan verbreiteten, von Ibrahim Dede Efendi gegründet. Als Evliya Çelebi sie 1654 besuchte, stand sie unter der Leitung von Âghâzadeh Dede. Dieser spirituelle Führer war ein Mensch mit beträchtlichem Charisma, dem von der Bevölkerung vor Ort Ehrerbietung entgegengebracht wurde, sowohl von Muslimen wie von Christen, und Evliya Çelebi behauptet, persönlich Zeuge einer Darbietung seiner *karâmât*, seiner Wunderkräfte, gewesen zu sein. Der Mevlevi-Konvent in Plovdiv bestand unbestreitbar durch das achtzehnte und neunzehnte Jahrhundert hindurch weiter und scheint lediglich in den Jahren nach dem Ersten Weltkrieg geschlossen gewesen zu sein. 1882 war ein Hafiz 'Ali Dede Oberhaupt der Tekke.

Eine weiterer wichtiger und lang bestehender Mevlevi-Konvent auf dem Balkan befand sich in dem *mahallah* oder Viertel Katib Shahin in Skopje. Gegründet in den 1650er Jahren soll das ursprüngliche Gebäude die Schenkung eines gewissen Malak Ahmad Pasha an seinen spirituellen Meister, dem Mevlevi-Scheich Hasan Dede gewesen sein. Es ist ungewiss, welche Rolle dieses Zentrum bei der frühen Entwicklung des Mevlevi Ordens auf dem Balkan zu diesem Zeitpunkt spielte, aber seine Aktivitäten sind 1689 mit Sicherheit unterbrochen worden, als ein Heer der Habsburger unter General Piccolomini die Stadt niederbrannte.

Tekke am Fluss in Sarajevo (vor 1918)

Während der zweiten Hälfte des neunzehnten Jahrhunderts erhielt der Mevlevi-Konvent in Skopje die offizielle Anerkennung vom osmanischen Hof, und beide Sultane, 'Abd ul-Majîd (gest. 1861) und 'Abd ul-'Aziz (gest. 1876) gewährten dem damaligen Scheich der Tekke, Niyâzî Dede, finanzielle Unterstützung. 1909 spendete auch Sultan Mehmed Rashad (gest. 1918) eine beträchtliche Summe für die Renovierung. Als eine Geste der Wertschätzung reiste der Scheich der Tekke, Mehmed 'Ali Dede, 1911 nach Thessaloniki, um dem Herrscher, der dort zu einem Staatsbesuch weilte, seine Ehrerbietung zu erweisen.

Der Mevlevi-Konvent von Skopje durchlebte die turbulenten Jahrzehnte von Kriegen und Konflikten, die das Gebiet während der Balkankriege[67] und des Ersten Weltkriegs erfasste. Dem Leiter der Tekke zu dieser Zeit, Ismâ'il Dede, gelang es, bis zu seinem Tod eine enge Verbindung zu den wenigen übriggebliebenen Mevlevi-Derwischen der Bentbasha-Tekke zu halten. Sein Mevlevi-Konvent arbeitete weiter, ungeachtet der Schließung aller Sufihäuser in der Türkei im Jahre 1925[68], die mit dem allgemeinen Verfall der islamischen Kultur auf dem Balkan einherging. Der letzte Scheich der Tekke, 'Ali Hakkî Dede, betreute 1940 noch etwa

67 Militärische Auseinandersetzungen während der Jahre 1912 und 1913, bei denen das Osmanische Reich in etwa auf die Grenzen der heutigen Türkei zurückgedrängt wurde. (Anm. d. Übers.)

68 Durch ein von Atatürk erlassenes Gesetz vom 30. November 1925. Skopje gehörte zu diesem Zeitpunkt jedoch zum Königreich der Serben, Kroaten und Slowenen (Kraljevina Srba, Hrvata i Slovenaca), dem Vorläufer des Königreich Jugoslawien.

Tekke am Fluss in Sarajevo

zwanzig Derwische, aber die Einrichtung stellte ihre Tätigkeiten 1945 nach einem verheerenden Brand ein.[69] Zehn Jahre später ging 'Ali Hakkî Dede im Zuge des großen Exodus der jugoslawischen Muslime in die Türkei. Er starb 1978. 'Ali Hakkî Dede war der letzte Scheich, der einem Mevlevi-Konvent auf dem Balkan vorstand.[70]

Eine weitere Mevlevi-Einrichtung befand sich in der kleinen mazedonischen Stadt Kriva Palanka unweit der Grenze zu Bulgarien. Darüber ist wenig bekannt und es war mit ziemlicher Sicherheit lediglich eine Zawiyah von bescheidener Größe. Aufgrund ihrer Nähe zu Skopje wird sie in enger Beziehung zu dem dortigen größeren Konvent gestanden haben. Dennoch wurde sie während der Balkankriege von bulgarischen Soldaten zerstört.

Es wird noch eine Mevlevi-Tekke in der Stadt Bitola[71] im Süden Mazedoniens erwähnt. Über sie ist wenig mehr bekannt, als dass sie durch die Gönnerschaft der örtlichen Aristokratie erbaut worden war.

In Albanien wissen wir nur von einem einzigen regelrechten Mevlevi-Konvent: Die Zawiyah von 'Ali Dede in der Stadt Elbasan. Ein kürzlich von Nathalie Clayer entdecktes Waqf-Dokument, das aus dem Jahr

69 Die genaue Ursache des Brandes ist nicht bekannt. In den 1960er Jahren wurde an der Stelle eine Schule gebaut.

70 'Ali Hakkî Dede lehrte auch in der Türkei weiter das Sufitum, und einer seiner Derwische, Hasan Çikar (der in Skopje geboren wurde), leitet regelmäßig das Sama in dem Mevlevi-Khana von Galata in Istanbul.

71 Türkisch und Albanisch Manastir.

1796 stammt, vermittelt den Eindruck, dass die Einrichtung damals sehr aktiv war und enge Beziehungen zum Mutterkonvent in Konya unterhielt. Man weiß jedoch nicht, was aus dieser Zawiyah geworden ist, nachdem die osmanische Herrschaft in Albanien zu Ende ging, da die letzten Informationen aus dem Jahr 1912 stammen.

Eines der bedeutendsten Beispiele eines Mevlevi-Astanah auf dem Balkan befand sich am Stadtrand von Thessaloniki in Griechenland. Es ist kein früher gegründeter Mevlevi-Konvent auf der Halbinsel bekannt. Er wurde 1615 auf Geheiß des osmanischen Würdenträgers Etmekçizade Ahmad Pasha (gest. 1617) erbaut. Das erste spirituelle Oberhaupt der Tekke war 'Abd ul-Karîm Dede, der einer Legende nach den besagten Pasha vor den schwerwiegenden Folgen übler Nachrede bewahrt hatte, woraufhin der Pasha im Gegenzug anbot, die Tekke zu errichten.

Der Mevlevi-Konvent von Thessaloniki diente als Zentrum, von dem aus der Orden sich in andere Gebiete des Osmanischen Reiches hinein verbreitete. Etliche seiner spirituellen Oberhäupter oder Dedes gingen auf den Balkan oder in den Mittleren Osten, um dort andere Tekken zu gründen oder zu leiten. Die Scheichs von Thessaloniki führten den dortigen Konvent ohne Unterbrechung bis zu dem Bevölkerungsaustausch zwischen der Türkei und Griechenland im Jahre 1923, als alle muslimischen Bewohner aus der Stadt vertrieben wurden.[72] Der letzte Scheich der Tekke[73] war Âshraf Dede, dessen Familie in langer Beziehung zu den Mevlevi gestanden hatte.

Der Konvent von Thessaloniki wurde wegen seiner Architektur bewundert. An den sanften Hängen des Berges St. Paul liegend, bestand die Tekke aus mehreren Gebäuden, die von einer Steinmauer eingefriedet waren. Das Hauptgebäude war das Sama-Khana, das als eines der schönsten auf dem Balkan galt. Mit den Küchen, den Derwischzellen, den Gemächern des Scheichs und den Gästeunterkünften bot dieser Mevlevi-Konvent eine einmalige Atmosphäre für die spirituelle Einkehr, denn es gab dort auch

„… kühle, schattige Wandelgänge und kunstvoll angelegte Terrassen und Lauben, von denen sich großartige Ausblicke auf Berge, Ebene und Meer bieten. Und wenn die abendlichen Schatten länger werden, kann man hier die Mystiker in ihrem pittoresken und symbolträchtigen Gewändern schweigend auf und ab schreiten oder auf den breiten Holzbänken sitzen sehen, wie sie die braunen Perlen ihrer langen *tesbehs* oder Gebetsketten in Meditation versunken durch die Finger

72 Der nach dem Ersten Weltkrieg geführte Griechisch-Türkische Krieg (1919–22) endete mit der Niederlage Griechenlands. Im Zuge des Vertrags von Lausanne von 1923 wurden große Teile der griechisch-orthodoxen Bevölkerung der Türkei nach Griechenland, und die muslimische Bevölkerung Griechenlands zwangsweise in die Türkei ausgesiedelt. (Anm. d. Übers.)

73 Die Tekke wurde 1929 auf Betreiben der griechischen Behörden abgerissen.

gleiten lassen, während auf ihren Gesichtern der Ausdruck einer vollkommenen Gemütsruhe liegt, die allein die Gleichgültigkeit gegenüber der Welt und ihrer Geschäftigkeit verleihen kann."[74]

Ein weiterer Mevlevi-Konvent befand sich in der Stadt Serres, neunundsechzig Kilometer von Thessaloniki entfernt. Die Einrichtung dieser Tekke ging unmittelbar auf die Aktivitäten des Astanah von Thessaloniki zurück. Der Konvent von Serres wurde in den ersten Jahrzehnten des siebzehnten Jahrhunderts von Ramadân Dede, sowohl Schüler als auch Nachfolger (*khalîfah*) des bereits genannten 'Abd ul-Karîm Dede, gegründet. Es war eine relativ gut ausgestattete Einrichtung, die von der lange bestehenden Stiftung des Çandarlizâde Ali Pasha unterstützt wurde.

Nach dem Tode 'Abd ul-Karîm Dedes wurde der Mevlevi-Konvent von Serres der Leitung des erwähnten Rajab Dede 'Adnî (gest. 1689) unterstellt. Bevor dieser die Tekke in Belgrad übernahm, bestimmte er Rahmatullah Dede als seinen Nachfolger. Verschiedene andere erwähnenswerte Scheichs des Mevlevi-Konvents von Serres waren ebenfalls weitgereist und hatten während ihres Lebens auch andere Einrichtungen geleitet. Rahmatullah Dede verließ beispielsweise Serres Richtung Skopje und ging dort wiederum fort, um Oberhaupt des Mevlevi-Konvents in Gallipoli zu werden. Und Talibî Hasan Dede Iştipli (gest. 1718)

74 Garnett, L., *Mysticism and Magic in Turkey*, London 1912, S. 66.

war Leiter der Tekken in Thessaloniki und Kairo gewesen, bevor er Scheich des Mevlevi-Khana in Serres wurde.

Dieses besondere Merkmal der weitgereisten Mevlevi-Scheichs verschwand in der zweiten Hälfte des achtzehnten Jahrhunderts, als die Führungsposition der Tekke in Serres erblich wurde. Die Nachfahren von Haji 'Uthmân Dede (gest. 1795) bekleideten diese Position bis zum Jahr 1923, als die Einrichtung geschlossen wurde.

Über andere Mevlevi-Konvente im griechischen Mazedonien und Thessalien konnte bisher nichts Näheres in Erfahrung gebracht werden. Doch gab es mindestens drei weitere Mevlevi-Khanas in diesen beiden Regionen, das älteste von ihnen stand etwa neunzig Kilometer nordwestlich von Thessaloniki in der Stadt Edessa. Diese Tekke war aller Wahrscheinlichkeit nach im achtzehnten Jahrhundert erbaut worden und ihre Aktivitäten endeten 1912 mit dem Zusammenbruch der osmanischen Herrschaft. Weiter südlich in der Stadt Larisa[75] erbaute Nazîf Dede Efendi, der später Oberhaupt der Bahariye-Tekke in Istanbul wurde, ebenfalls einen Konvent.

Nach der Zerschlagung der Janitscharen und der Unterdrückung des Bektashi-Ordens 1826 wurden zwei ihrer Tekken in Thessalien von der osmanischen Regierung den Mevlevi übergeben. Die erste, die im Hügel-

75 Türkisch Yenişehir.

land zwischen Farsala und Volos lag, war irgendwann in den 1630er Jahren von Bali Baba gegründet worden. Über ihre Tätigkeiten unter der Leitung der Mevlevi ist wenig bekannt, aber das Gebäude wurde 1897 während des Krieges gegen die Türken von griechischen Soldaten niedergebrannt. Eine weitere Tekke, nämlich jene von Hasan Baba, wurde 1926 ebenfalls den Mevlevi übergeben. Sie stand am westlichen Ausgang des Tals von Tempe, direkt nördlich von Larisa.

DAS *MASNAWI* – ÜBERSETZUNG UND INTERPRETATION

Rûmîs opus magnum, das *Masnawi*, ist unbestritten eines der größten Meisterwerke der islamischen Literatur, das je geschaffen wurde. Es umfasst sechs Bände, ist auf Persisch geschrieben und enthält etwa 26.000 Verse[76]. Dieses Werk nimmt im Orden der Mevlevi eine kaum zu überschätzende Stellung ein, der beinahe nichts anderes gleichkommt. „Es besteht kein Zweifel daran", erklärte Fejzullah ef. Hadžiibajrić, „dass es ohne Ney und *Masnawi* keine Mevlevi-Tekke geben kann."[77] In seinem Meisterwerk verwebt Rûmî Bilder von tiefer Symbolik, mystische und spirituelle Botschaften zu einer immensen Erzählung, die seinen Schülern das numinose Rätsel der Göttlichen Liebe enthüllt. Der berühmte Sufidichter 'Abd ur-Rahmân Jâmî (gest. 1492) sagte einmal über das *Masnawi*, es sei „der Koran in persischer Zunge". Rûmî selbst hat die Bedeutung seines Hauptwerkes am besten im Vorwort zum ersten Band dargelegt:

„Dies ist das Buch *Masnawi*. Es ist die Wurzel der Wurzeln der Religion, denn es enthüllt die Geheimnisse, wie man Verbindung [mit Gott] und Gewiss-

76 Versmaß ist der namensgebende Zweizeiler „Masnawi" mit Endreim. (Anm.d.Übers.)

77 Hadžibajrić, Fejzullah. "Iz posljednih dana života mevlevijske tekije u Sarajevu (1462-1957)". Šebi-Arus. Sarajevo 1974, S. 34

heit [über die Wahrheit] erhält ... Den Gerechten ist es Speise und Trank, den [spirituell] Freien bringt es Wohlgefallen und Beglückung ... es ist das Heilmittel für die Herzen, die Politur für Trübsal, ein Enthüller [der Bedeutungen] des Koran, die Gelegenheit [spirituelle] Reichtümer zu finden und [schlechte] Charaktereigenschaften und Veranlagungen zu tilgen."[78]

Interessanterweise hat kürzlich ein Forscher aufgezeigt, dass etwa sechstausend Verse aus Rûmîs *Masnawi* und seinem *Diwan* mehr oder weniger direkte Übertragungen von Koranversen in persische Dichtung darstellen.

Es ist recht erstaunlich, dass seit den 1990er Jahre ein persischspachiger anatolischer Sufidichter zu einem der am besten verkauften Dichter in Amerika geworden ist. Und die UNESCO hat das Jahr 2007 zum Rûmî-Jahr ausgerufen. Ein Großteil dieser öffentlichen Aufmerksamkeit ist das Ergebnis der Bemühungen moderner Autoren und Dichter, die Rûmîs Werk ins Englische und in andere westliche Sprachen übersetzt haben. Vor allem ist hier Coleman Barks zu nennen, der Rûmîs Dichtung in freie Verse übertragen hat, um der amerikanischen Leserschaft ein zeitgemäßes Gefühl für Rûmî zu vermitteln. Auf jeden Fall ist dieser Ansatz mit den „freien Versen" neu und ungewöhnlich. Leider geht auf diese Weise viel vom Kontext der Dichtung selbst verloren, was zu vielen Unzulänglichkeiten führt.

78 Fußnote 6 in „Rumi and the Sufi Tradition" von Seyyed Hossein Nasr, in: *The Scholar and the Saint*, hg. von P. J. Chelkowski, 1975.

Da es heutzutage inzwischen zur Mode (und auch profitabel) geworden ist, Rûmî zu übersetzen, haben etliche der Übersetzer, die oft nicht einmal Persisch beherrschen, die Qualifikationen, die früher unbedingt notwendig waren, um Rûmîs Werk zu erläutern, einfach beiseite geschoben. Ungeachtet dessen haben ihre Bemühungen Rûmîs Lehren den dürstenden Seelen in der ganzen westlichen Welt nahe gebracht, und zumindest diese Tatsache muss gewürdigt werden.

DIE MASNAWI-KHWANS VON SARAJEVO

Die traditionellen Übersetzer und Erläuterer des *Masnawi* heißen Masnawi-Khwans oder „Masnawi-Rezitatoren". Um diese Titel zu erlangen, benötigte man ein schriftliches Zertifikat, eine *ijâzatnâmah*[79], ausgestellt von einem bereits anerkannten Masnawi-Khwan, der dem Inhaber die ausreichenden Fähigkeiten bescheinigt, das Masnawi zu erläutern. Auch wenn dieses Zertifikat nicht unbedingt schwierig zu erlangen war, besaß es dennoch ein großes Gewicht:

„Um Masnawi-Unterricht abzuhalten, war ein schriftliches Zertifikat erforderlich. [...] Jeder, der mit dem Persischen vertraut war oder es beherrschte, Interesse an persischen Büchern besaß und eine Weile am Masnawi-Unterricht teilgenommen hatte, dem wurde – auch wenn er nicht den Mevlevi angehörte – ein solches Zertifikat ausgestellt. Der Çelebî oder irgendein anderer Mevlevi-Scheich sprach das Takbir über seine Sikke, und ihm wurde Erlaubnis gegeben, einen Turban darum zu wickeln."[80]

Es war also Bedingung, dass man als Schüler bei einem Masnawi-Khwan in die Lehre ging, ein Kon-

79 Eine Lehrbefugnis (*arabisch-persisch: ijâzat* = „Erlaubnis"; *nâma* = „Brief, Dokument") (Anm. d. Übers.)

80 Abdülbaki Gölpınarlı, *Mevlana'dan Sonra Mevlevilik*, İnkılap Kitabevi, Istanbul 1983.

zept[81], das in den traditionellen Bildungssystemen sehr gebräuchlich war, aber in modernen Gesellschaften zunehmend abgeschafft wird.

Die beiden wichtigsten Qualifikationen, die ein Masnawi-Khwan vorweisen musste, waren die Beherrschung des klassischen Persisch und die fundierte Kenntnis der hochkomplexen Konzepte des sufischen Denkens. Ersteres war unerlässlich, da die Sufitexte im Allgemeinen und Rûmîs Dichtung im Besonderen als Wegweiser für spirituelle Sucher geschrieben worden waren und sie ohne diesen Kontext nicht zur Gänze verstanden werden können. Das wird deutlich, wenn man sich die breitere Tradition der islamischen Mystik betrachtet und darauf schaut, wie sie funktioniert. Das grundlegende Konzept des Sufitums erfordert einen Führer auf der Reise des spirituellen Pfades. Ein Novize muss seinem *muršid* oder Meister vollständigen Gehorsam entgegenbringen. Auf den niedrigen Anfangsstufen ist das spirituelle Wissen nicht immer offenbar. Für die Mehrheit der Sufis besteht dieses Wissen in zwei Formen: Als manifestes (*zâhir*) und als verborgenes (*bâtin*) Wissen. Um das verborgene Wissen zu heben, braucht man jemanden, der weiß, wonach man suchen muss. Und das ist auch der Ansatz, den Rûmî wählt. Wie könnte man annehmen, dass jemand wie er, der im Sufimilieu geboren wurde und aufgewachsen ist, all sein Wissen offen in einem Text darlegen würde? Folglich

81 Gemeint ist die persönliche Schüler-Lehrer-Beziehung. (Anm. d. Übers.)

ist das *Masnawi* eine Sammlung allegorischer Geschichten, die die Wahrheit oft in Form einer symbolischen Bedeutung vermitteln, und ohne Verständnis des Sufikontextes ist es nicht möglich, das verborgene Wissen herauszufiltern, das im Text eingewoben ist.

Die Tradition der Masnawi-Khwans war während der Zeit des Osmanischen Reiches eine feste Institution. Nichtsdestotrotz haben es historische Ereignisse geschafft, die Masnawi-Khwans zu einer Art Rarität zu machen. In der Türkei gibt es hier und da noch einzelne Personen, die in dieser Fertigkeit unterrichtet worden waren, aber auf dem Balkan ist diese Tradition gänzlich verschwunden. Doch die Schließung der prächtigen Bentbasha-Tekke und ihre endgültige Zerstörung im Jahr 1957 bedeutete nicht das Ende von Rûmîs Tradition auf dem Balkan, denn es ist eine Tradition, die bis auf den heutigen Tag durch die Bemühungen eines Mannes, nämlich Hafiz Halid Hadžimulić, fortlebt. Dazu muss gesagt werden, dass er nicht aus der Leere hertrat, die mit der Zerstörung von Sarajevos Mevlevi-Konvent entstanden war, sondern eher Teil einer Tradition ist, die parallel dazu existierte.

Eine Reihe der spirituellen Leiter der Bentbasha-Tekke waren per se Masnawi-Khwans und hielten regelmäßig Unterricht zu dem Buch ab. Der letzte von ihnen starb 1924. Die älteste Erwähnung eines in Sarajevo lebenden Masnawi-Khwans, nämlich Tawakkulî Dede datiert aus der ersten Hälfte des achtzehnten Jahrhunderts. Er war sowohl Schüler als auch Nachfolger von Atîq Dede. Scheich 'Abd ul-Fattâh Dede, der 1709 starb, war ebenfalls als versierter Kommentator des *Masnawi* bekannt.

Aber die Masnawi-Khwans von Sarajevo kamen nicht allein aus den Reihen der Scheichs der Mevlevi-Tekke in Bentbasha, ja, manche gehörten nicht einmal dem Mevlevi-Orden an. Einer von ihnen war Isaoğlu Mehmed Amin, der aus einer Gelehrtenfamilie stammte und überhaupt keinem Orden angehörte. Dennoch erteilte er jahrelang in der Baqir-Baba-Moschee[82] unweit des Parks At Mejdan in Sarajevo Masnawi-Unterricht. Wie bereits erwähnt, wurde das *Masnawi* während der 1860er Jahre auch von Mustafa Učambarlić ausgelegt, von dem ebenfalls keine formale Bindung an einen Orden bekannt ist.

Die Wirren, die dem Zusammenbruch der osmanischen Herrschaft in Bosnien folgten, vermochten es jedoch nicht, die Masnawi-Studien in Bosnien vollständig auszulöschen. Im Verlaufe des zwanzigsten Jahrhunderts hat es vier herausragende bosnische Masnawi-Khwans gegeben: Džemaludin Čaušević (1870-1938), Mustafa Merhemić (1877-1959), Fejzullah Hadžibajrić (1913-1990) und Halid Hadžimulić (1913-2011). Sie alle verfügten über eine Madrasah[83]-Ausbildung, ein

82 Diese Moschee wurde im sechzehnten Jahrhundert mit angeschlossener Madrasah und Bücherei erbaut und während der Österreichisch-Ungarischen Herrschaft abgerissen. (Anm.d.Übers.)

83 Im Allgemeinen wird darunter eine religiöse Schule verstanden. Im Osmanischen Reich gab es Madrasahs, an denen eine profunde und umfassende Bildung vermittelt wurde. (Anm. d. Übers.)

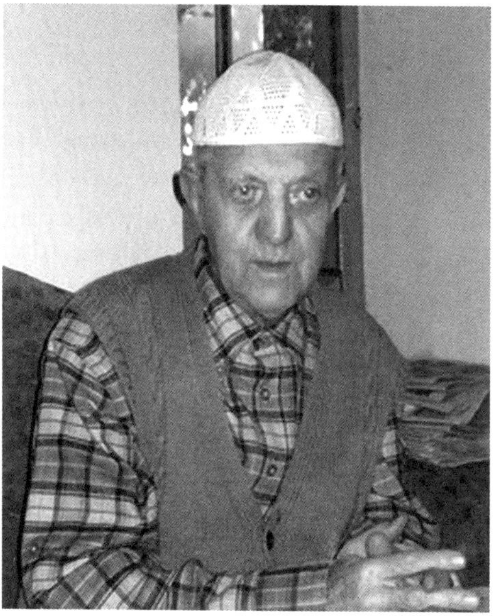

Halid Hadžimulić (1913-2011)

hohes geistiges Niveau und einen hervorragenden Ruf als spirituelle Meister. Sie waren zudem – direkt oder indirekt – Vertreter der osmanischen Kultur, und sie vermittelten althergebrachte islamische Werte an die jüngeren Generationen von Bosniern, die nur einen durch die Moderne geformten Islam kannten, dem viele Traditionen verloren gegangen waren. Diese vier Männer versammelten bedeutende Persönlichkeiten aus spirituellen und intellektuellen Kreisen, die sich alle einfanden, um die wöchentlichen Lektionen über die unauslotbare Weisheit Rûmîs zu hören.

Mehmed Džemaludin Čaušević, einer der hervorragendsten post-osmanischen Denker, wurde 1870 in der Stadt Bosanska Krupa im Nordwesten Bosniens geboren. Seine frühe Bildung lag in Händen seines Vaters, Ali Hodža, ein Mitglied der örtlichen muslimischen Geistlichkeit. Wegen seiner außergewöhnlichen intellektuellen Begabung wurde Čaušević im Alter von siebzehn Jahren nach Istanbul geschickt, um eine höhere Bildung zu erwerben. Dort vollendete er mit Auszeichnung seine Islamstudien und schrieb sich anschließend in der renommierten juristischen Fakultät des Reiches, der Maktab-î Huqûq ein. Während er in der Hauptstadt lebte, betrat er zudem die Welt des Sufitums, eingeführt von dem berühmten Mevlevi-Meister Mehmed Esad Dede, der damals Scheich des Mevlevi-Konvents von Kasımpaşa war. Unter seiner Leitung studierte Čaušević nicht nur die Mystik, sondern auch die persische Sprache und die persischen Sufi-Klassiker, einschließlich des *Masnawi*.

1901 kehrte Čaušević ins heimatliche Bosnien zurück und erhielt keine zwei Jahre danach eine Stellung in der Majlis ul-'Ulamâ[84] (Bosniens offizielles Gremium der islamischen Geistlichkeit). Schon bald verbreitete sich der Ruf seines aufrichtigen Glaubens und seiner intellektuellen Vorzüglichkeit im Land, und so wurde er 1914 zum *ra'is ul-'ulamâ* (oberster religiöser Gelehrter) von ganz Bosnien und Herzegovina bestimmt. Im Widerspruch zu den Aussagen verschiedener Forscher, die heute behaupten, Čaušević sei, wie so viele andere fortschrittliche muslimische Theologen seiner Zeit, gegen das Sufitum gewesen, hat er seine Verbindung zu diesem mystischen Aspekt des Islams nie aufgegeben.

Während er Mitglied der Majlis ul-'Ulamâ war, übernahm Čaušević die Rolle eines Masnawi-Khwans, der das Masnawi im Mevlevi-Konvent von Bentbasha übersetzte und interpretierte, was bemerkenswert scheint, da er ja noch nicht einmal ein Mevlevi-Scheich war. Aber es ist kaum eine Überraschung, dass ihm diese ehrenhafte Stellung zuteil wurde. Čaušević kam in Sarajevo als kluger und vielversprechender Mann an, der damals erst einunddreißig Jahre alt war und an den besten Schulen des osmanischen Reichs eine Ausbildung in islamischem Recht und Theologie erhalten hatte. Zudem

84 „Versammlung der Gelehrten" (Anm. d. Übers.)

hatte er einige Jahre mit dem Studium des Sufitums bei einem der berühmtesten Mevlevi-Scheichs der damaligen Zeit, Mehmed Esad Dede, zugebracht. Er war also eine Persönlichkeit, die von der Gemeinschaft der Mevlevi in Sarajevo eindeutig respektiert wurde, und während seiner Amtseinführung als Ra'is ul-'Ulamâ spielte das Mevlevi-Orchester unter Leitung von Rûhî Dede auf der Veranda der Careva-Moschee[85], um ihrem geschätzten Masnawi-Khwan die Ehre zu erweisen.

Während des Ersten Weltkriegs verlegte Čaušević seine Masnawi-Lektionen aus unbekannten Gründen von der Tekke in das Haus des Mustafa Merhemić. Diese Lektionen fanden bis Mitte 1928 weiterhin im Hause Merhemićs statt. Čauševićs Versammlungen waren bei den Anwesenden aufgrund seines profunden Wissens und Verständnisses des Sufitums, das sich in seiner Übersetzung und Interpretation des *Masnawi* zeigte, äußerst beliebt. Manchmal widmete er eine ganze Lektion der Erklärung von nur einem oder zwei Versen.

Persönliche Gründe bewegten Džemaludin Čaušević 1928, diese Lektionen aufzugeben. Zwei Jahre später trat er von seiner Stellung als Ra'is ul-'Ulamâ zurück, hauptsächlich aufgrund von Streitereien mit der von Serben dominierten Regierung über die Verwaltung der Waqf-Besitztümer in Jugoslawien. Nachdem er 1930 in den Ruhestand gegangen war, blieb er durch Beiträge in Literaturzeitschriften, von denen er

85 Vgl. Anm. 99. (Anm. d. Übers.)

Mehmed Džemaludin Čaušević (1870-1938)

einige selbst begründet hatte, weiterhin ein aktiver Teilnehmer am intellektuellen islamischen Diskurs. Am 28. März 1938 verließ Džemaludin Čaušević, ein Mensch, der weithin als ein Symbol der Hoffnung für die Entwicklung des bosnischen Volkes betrachtet wurde, sein geliebtes Heimatland in Richtung ewiger Ruhestätte. Mustafa Merhemič folgte ihm in der Stellung als Masnawi-Khwan.

Hadži Mustafa „Mujaga" Merhemić wurde 1877 in Sarajevo geboren. Er besuchte die Madrasah, die seine Familie Generationen zuvor in der Stadt gegründet hatte. Dort erhielt er Unterricht in *fiqh*[86], Arabisch, Türkisch und auch Persisch. Sein Lehrer hieß Mustafa Âghâ Hadžihalilović, der seinerzeit als der versierteste Shari'a-Gelehrte Bosniens galt. Merhemić war ein tief religiöses Kind gewesen, und im Alter von sechzehn Jahren ging er mit seiner Mutter nach Mekka, um die Hadsch zu vollziehen. Die Mutter starb auf der Rückreise von der heiligen Stadt in der Türkei, woraufhin er dort ein Jahr verbrachte und sich auf der Suche nach religiösem Wissen in Kreisen der Gelehrten bewegte. In dieser Zeit besuchte Merhemić auch Rûmîs *turbah* (Grabstätte) in Konya. Dort entwickelte er eine Neigung zum Sufitum.

Merhemićs Liebe zum heiligen Wissen kann am besten dadurch illustriert werden, dass er einen Teil seines Hauses in Sarajevo eigens umbauen ließ, damit es

86 Islamische Rechtswissenschaft. (Anm. d. Übers.)

als Versammlungsort oder *dars-khana* dienen konnte, wo bekannte Alims (Theologen) exegetische Vorlesungen (*tafsîrs*) über den Koran abhielten. Er war vertraut mit der persischen Sprache und hegte eine große Vorliebe für die klassische persische Literatur. Sein Beitrag zur bosnischen Sufikultur war immens, geradezu beispiellos. Merhemić nahm sich die anspruchsvolle Aufgabe vor, das *Pandnamah* („Buch der Ratschläge") des großen Farîd ud-Dîn Aṭṭâr zu übersetzen und zu interpretieren, eine Tat, die er zur Zufriedenheit aller vollbrachte, die den Lektionen beiwohnten. Das nächste Werk, das Merhemić übersetzte und interpretierte, war Sa'dîs *Gulistân* („Rosengarten"), was er ebenso erfolgreich beendete. Diesen beiden Büchern folgten bald weitere Übersetzungen aus dem Persischen, so der *Dîwân* des Hafis Schirazi, Sa'dîs *Bûstân* („Obstgarten") und das *Bahâristân* („Frühlingsgarten") von 'Abd ur-Rahmân Jâmî.

Wie bereits erwähnt lud Merhemić 1915 Džemaludin Čaušević ein, um in seinem Haus, im sogenannten Dars-Khana, Vorlesungen über das *Masnawi* zu halten. Zu diesem Anlass kamen viele Menschen zusammen, die der Übersetzung und den Interpretationen zuhören wollten, die von den beiden Männern vorgetragen wurden. Nach dreizehn Jahren hörte Čaušević damit auf und für die nächsten vierzehn Jahre verstummte die Stimme des *Masnawi*. Schließlich gelang es Mitgliedern der muslimischen Gemeinde Merhemić davon zu überzeugen, die Lektionen über Rûmîs Werk wieder aufzunehmen und die Rolle des Masnawi-Khwans zu übernehmen, was er während der finsteren Zeit des Zweiten Weltkriegs dann auch getan hat. Aber die Unterbrechung war lang gewesen und viele der Masnawi-Liebhaber waren inzwischen gestorben. Doch jene, die noch lebten, wohnten zusammen mit einer Generation von Neulingen (darunter Fejzullah Hadžibajrić und Halid Hadžimulić) den Lektionen in Merhemićs Haus bei.

Nach sechzehn Jahren der Vorlesungen hatte Merhemić alle sechs Bände des *Masnawi* bewältigt und so begann er 1958 mit einem zweiten Zyklus der Übersetzungen, bei dem er diesmal mehr Zeit auf das Kommentieren verwenden wollte. Dazu sollte es jedoch nicht mehr kommen, denn er verstarb im folgenden Jahr. Merhemić vertraute die Fortführung dieser Sitzungen Fejzullah Hadžibajrić an, als einem *amânah*[87], einem heiligen Treuhänder.

Fejzullah Hadžibajrić wurde am 12. Januar 1913 in Sarajevo geboren. Im Alter von zwanzig Jahren machte er seinen Abschluss an der Gazi-Husrev-Beg-Madrasah. Er vollendete seine höheren religiösen Studien bei den *mudarris*[88] und dem Direktor der berühmten Madrasah und erhielt 1933 eine Ijâzatnâma in Fiqh. Nach dieser

87 Gegenüber dem, was einem als Amanah anvertraut wird, hat man stets auch eine heilige Pflicht zu erfüllen, Grundlage dafür ist Koran 4:58: „Siehe, Gott gebietet euch alles, was euch anvertraut worden ist, denjenigen auszuhändigen, die darauf Anspruch haben, und immer, wenn ihr zwischen Leuten richtet, mit Gerechtigkeit zu richten." (in der Übersetzung von Muhammad Asad). (Anm. d. Übers.)

88 Arabisch „Lehrer". (Anm. d. Übers.)

Grundausbildung erwarb Hadžibajrić noch einen Abschluss an der Fakultät für Orientalische Philologie an der Philosophischen Hochschule von Sarajevo, wo er zu den besten Studenten gehörte. 1943 wurde er zum Mitglied der Majlis ul-'Ulamâ des von den Achsenmächten besetzten Bosnien-Herzegovinas ernannt. In dieser Zeit arbeitete er als Chefbibliothekar der Gazi-Husrev-Beg-Bibliothek, dann in der Bücherei der veterinärmedizinischen Universität und schließlich an der Philosophischen Hochschule. Darüber hinaus war Hadžibajrić als Lehrer tätig, zuerst an der Niža-Okružna-Madrasah und anschließend bis 1949 an der Gazi-Husrev-Beg-Madrasah. Von 1934 bis zu seinem Tode diente er zudem an verschiedenen Moscheen in Sarajevo als Imam.

Anders als seine zwei Vorgänger pflegte Hadžibajrić offen Verbindungen zu verschiedenen Orden und war ein anerkannter Sufischeich. 1939 legte er bei Scheich Sami Yashari (gest. 1951) aus Vučitrn[89] im Kosovo den Treueeid (*bai'ah*) für den Qadiriyya-Orden ab. 1965 bekam er vom berühmten Muhyiddin Ansari Erzincani (gest. 1978) aus Istanbul eine Ijâzatnâma als Scheich des Qadariyya-Ordens. Ebenso erhielt Hadžibajrić von Sayyid Yûsuf Jilanî der Qadiri-Tekke in Baghdad eine *khilâfatnâma* (Bestätigung als Stellvertreter). Hadžibajrić wurde zudem zum Scheich ehrenhalber (*tabarrukân*) der Rifa'i-, Naqshbandi-, Mevlevi,- Badawi-, und Schadhili-Orden ernannt.

89 Albanisch Vushtrri. (Anm. d. Übers.)

In den 1970er und 1980er Jahren beaufsichtigte Hadžibajrić den Betrieb der weit bekannten Hadži-Sinan-Tekke[90] der Qadiriyya in Sarajevo. Unter seiner Leitung wurde die Tekke eines der führenden Zentren islamischer Spiritualität in Bosnien und Jugoslawien. Während dieser ganzen Zeit war Hadžibajrić rege an Sufiaktivitäten beteiligt und seine Bemühungen halfen dabei, diese wieder zu legitimieren, denn sie waren in Bosnien seit 1952 offiziell unerwünscht. 1974 rief er schließlich gemeinsam mit Scheich Xhemali Shehu (1926-2004)[91] aus dem Kosovo die *Gemeinschaft der Islamischen Derwischorden Jugoslawiens* (ZIDRA[92]) ins Leben, die als Dachorganisation gegründet wurde, um Sufi-Studien und -Praxis zu fördern. Durch diese Vereinigung erhielt das Sufitum und seine Rolle im traditionellen bosnischen Islam und auch in der Kultur bedeutend mehr Aufmerksamkeit in Magazinen und Zeitschriften, wodurch die Authentizität des Sufitums als Ausdruck muslimischer Spiritualität stärker betont wurde.

Zu den Aktivitäten, die in der Hadži-Sinan-Tekke unter der Leitung von Hadžibajrić organisiert wurden, zählten regelmäßige Vorlesungen über das *Masnawi*, die

90 Diese Tekke wurde in der ersten Hälfte des siebzehnten Jahrhunderts errichtet. Entweder vom wohlhabenden Kaumann Hadži Sinan Aga, oder zu dessen Ehren von seinem Sohn, dem Silahdar (Waffenmeister des Sultans) Mustafa Pasha. (Anm.d.Übers.)

91 Shehu war der Rifa'i-Scheich von Prizren.

92 „Zajednica Islamskih Derviskih Redova Alijje". Dort waren zwölf Derwischorden vertreten, die regelmäßig das gemeinsame „Bulletin" als ihr Sprachrohr veröffentlichten. (Anm. d. Übers.)

Fejzullah Hadžibajrić (1913-1990)

er persönlich hielt. In den Jahren 1965 und 1966 reiste Hadžibajrić in die Türkei und besuchte neben anderen Orten auch Rûmîs Grabmal in Konya. Er traf zudem den führenden türkischen Sufi-Gelehrten der damaligen Zeit, Abdülbaki Gölpınarlı (1890-1982), der einen Ruf als großer Experte für den Mevlevi-Orden besaß. Gölpınarlı war erfreut zu entdecken, dass die Tradition des Masnawi-Khwans in Sarajevo noch immer lebendig war, und er ermutigte Hadžibajrić, sie zu erhalten. „Zugleich mit den Mevlevi-Unterweisungen", so schreibt Hadžibajrić, „gab Gölpınarlı mir seinen Segen, das *Masnawi* zu übersetzen und zu interpretieren. Für mich bedeutete das nicht bloß eine Ehre, sondern auch eine Verpflichtung."[93] Hadžibajrić begann kurz nach seiner Rückkehr mit den Masnawi-Lektionen.

Zum Glück für uns wurden Hadžibajrićs Vorträge von Abdullah Fočak (gest. 1991), einem seiner Hörer, aufgenommen und später abgetippt. Anfangs fanden die Vorlesungen in Hadžibajrićs Haus statt, danach zu Hause bei Ahmedaga Fočak, und 1969 schließlich in einem Raum in der Hadži-Sinan-Tekke. Mit der Zeit erlangte dieser Raum als *Masnawi Katedra* („Masnawi-Kanzel") Berühmtheit. Innerhalb der ersten fünf Jahre wurde der erste Band des *Masnawi* vollständig übersetzt. Zwei Jahre später begann Hadžibajrić mit dem zweiten Band, der 1980 abgeschlossen wurde. Bald darauf machte er sich an den dritten Band, konnte die Arbeit

93 Hadžibajrić, Fejzullah, "Obavijest o našem prevodu Mesnevije." S. VI-VII.

daran aber aufgrund gesundheitlicher Probleme nicht beenden. Hadžibajrićs Übersetzung der beiden ersten Bände wurden in dieser Zeit zum Druck vorbereitet, 1985 erschienen dann der erste, und zwei Jahre später der zweite Band. Im Vorwort zum ersten Band gab Hadžibajrić eine Erläuterung zu seiner Übersetzung:

„Mündliche Übersetzungen stimmen nicht immer mit den schriftlichen Übersetzungen überein. Bei mündlichen Übersetzungen passt der Übersetzer sich den Zuhörern an, berücksichtigt ihren Bildungsstand. Das *Masnawi* ist eines der wichtigsten und bedeutendsten Werke des Denkens und der Ethik des Sufitums. Es steckt voller Allegorien, die eine wörtliche Übersetzung schwierig gestalten. Ich habe mich auf diese allegorischen Bedeutungen konzentriert, in ihnen liegen die Feinheiten des Sufitums verborgen."[94]

Zusätzlich zu diesen Übersetzungen hat Hadžibajrić weitere wichtige Beiträge zum Erhalt des Mevlevi-Erbes in Sarajevo geleistet. 1957 begann er mit der Ausrichtung einer Konferenz, des *Shab-i Arûs*[95]-Festes zu Rûmîs Todestag, die seitdem jedes Jahr bis 1989 am 17. Dezember abgehalten wurde. Diese Versammlungen fanden an verschiedenen Orten statt, 1957 zuerst in Merhemićs Haus, später dann in verschiedenen Mo-

94 Hadžibajrić, Fejzullah. "Obavijest o našem prevodu Mesnevije." Mesnevija I. Sarajevo, 1996. S. VII

95 Wörtlich „Hochzeitsnacht", gemeint ist die Vermählung des liebenden Derwischs mit Gott, dem Geliebten. (Anm. d. Übers.)

scheen und Tekken von Sarajevo. Hadžibajrić organisierte diese Konferenzen persönlich, besaß aber stets die Unterstützung von Halid Hadžimulić und anderen treuen Mitgliedern seines außergewöhnlichen Kreises der Masnawi-Enthusiasten.[96]

Da er sein ganzes Leben dem Islam und dem Sufitum gewidmet hatte, war es passend, dass Fejzullah Hadžibajrić diese Welt im Monat Ramadan in der Nacht des *Lailat ul-Qadr*[97] (22. April 1990) verließ, der heiligsten Nacht des islamischen Jahres. Sein Tod stellte für die muslimische Gemeinschaft in Bosnien einen großen Verlust dar. Doch stand Halid Hadžimulić als sein Nachfolger bereit, um die Arbeit fortzuführen.

Halid Hadžimulić, oder „Hadži Hafiz", wie er in ganz Sarajevo liebevoll genannt wird, wurde in eben jener Stadt im Jahre 1913[98] geboren. Seine Familie war für

96 Das Tarikatski Centar hat die Vorträge dieser Konferenzen jedes Jahr in einem Buch veröffentlicht.

97 Die „Nacht der Bestimmung", auch „Nacht des Schicksals" oder „der Allmacht". In dieser Nacht wurde dem Propheten erstmals der Koran offenbart, in dem ihr eine eigene Sure gewidmet ist. In der poetisch schönen und treffenden Übersetzung von Friedrich Rückert lautet die Sure 97 so:

„Wir sandten ihn hernieder in der Nacht der Macht.
Weißt du, was ist die Nacht der Macht?
Die Nacht der Macht ist mehr als was
In tausend Morgen wird vollbracht.
Die Engel steigen nieder und der Geist in ihr,
Auf ihres Herrn Geheiß, dass alles sei bedacht.
Heil ist sie ganz und Friede, bis der Tag erwacht."

98 Andere Quellen geben auch 1915 und 1916 als Geburtsjahr an. (Anm. d. Übers.)

ihre Religiosität bekannt. Sowohl Vater wie Mutter hatten den Koran auswendig gelernt – was der junge Halid ihnen gleichtat – und so den Titel *hâfiz*[99] erworben. In seiner Jugend besuchte Hadžimulić die Philosophische Hochschule (Fakultät für Orientalische Studien) in Zagreb, zudem besaß er einen Abschluß von der Gazi-Husrev-Beg-Madrasah. Nach Beendigung seiner Ausbildung arbeitete er in dieser Madrasah als Bibliothekar und begann zugleich Unterricht im Auswendiglernen des Korans (*hifz*) zu erteilen. Aufgrund seiner besonderen Fähigkeiten und seines untadeligen Lebenswandels erhielt Hadžimulić 1967 die Ernennung zum Imam der Ferhadija-Moschee. Ein Jahr später wurde er Imam der prachtvollen Kaisermoschee[100], wo er lange blieb.

Von 1950 bis 1959 besuchte Hadžimulić zusammen mit seinem engen Weggefährten Fejzullah Hadžibajrić die Masnawi-Lektionen bei Mustafa Merhemič. Dort erlernte er auch die Kunst des Masnawi-Khwans. Als Hadžibajrić dieses Amt von Merhemić übernahm, erhielt er von Hadžimulić die volle Unterstützung bei der Organisation aller damit verbundenen Aufgaben. Nachdem Hadžibajrić wegen seiner Krankheit zu schwach geworden war, um mit den Vorlesungen fortzufahren, gab er 1984 die Tradition des Masnawi-

99 Von Arabisch „bewahren, behüten", in diesem Fall den Koran. (Anm. d. Übers.)

100 Bosnisch „Careva džamija", türkisch „Hünkâr Camii", die älteste Moschee Sarajevos, die Isa Beg Isaković 1462 erbauen ließ. (Anm. d. Übers.)

Khwans zu treuen Händen[101] an Halid Hadžimulić weiter. In dem Vorwort zum zweiten Band seiner Masnawi-Übersetzung schrieb Hadžibajrić ausdrücklich: „Was den nächsten Masnawi-Khwan von Sarajevo betrifft, so soll mir Hadži Hafiz Halid Hadžimulić nachfolgen."[102]

Halid Hadžimulić, von seinen Studenten das „wandelnde Masnawi" genannt, erfüllte diese ehrwürdige Tradition mit Hingabe und fing an, in der kleinen Naqshbandi-Tekke im Mlini-Viertel Vorlesungen zu geben. Diese Veranstaltungen fanden bis 1992 statt, als Hadžimulić die Lektionen wegen der gefährlichen Bedingungen unterbrach, die die Belagerung Sarajevos mit sich brachte. Diese Unterbrechung dauerte auch nach Kriegsende an, erst 2004 nahm Hadžimulić seine Rolle als Masnawi-Khwan wieder auf und begann erneut damit, Vorlesungen abzuhalten, dieses Mal bei sich zu Hause. Halid Hadžimulić lebt noch immer in Sarajevo, wo er ungeachtet seines bemerkenswerten Alters von zweiundneunzig Jahren weiterhin andere Menschen mit der nie versiegenden Schatzkammer des *Masnawi* vertraut macht.[103]

101 Vgl. Anm. 86 zu *amanah*. (Anm. d. Übers.)

102 Hadžibajrić, Fejzullah, "O prevodu drugog sveska Mesnevije." S. II.

103 Halid Hadžimulić starb am 8. Januar 2011. In einem Nachruf von Kamal Hasani (siehe: www.islamicpluralism.org/1694/fatiha-for-hafiz-halid-hadzimulic) wird erwähnt, dass Halid Hadžimulić Schwierigkeiten mit der Ustascha hatte: „During the second world war, *rahmetli* [„der verstorbene"] Hafiz Hadžimulic was accused by the Nazi-controlled Ustaša occupiers in Sarajevo of cooperation with the antifascist Partisan movement, and narrowly escaped death."
Hasani geht hier nicht weiter auf die Anklage wegen Unterstützung der Partisanen gegen Hadžimulić ein, sie mag jedoch mit der berühmten

Sarajevo

Džemaludin Čaušević brauchte etwa zwanzig Jahre (1908-1928), um den ersten Band des *Masnawi* vollständig zu übersetzen und mit dem zweiten zu beginnen. Mustafa Merhemić benötigte für alle sechs Bände sechzehn Jahre (1942-1958), während Fejzullah Hadžibajrić sich für die ersten beiden Bände vierzehn Jahre (1966-1980) Zeit nahm. Wenn man sich diese erheblich voneinander abweichenden Zeiträume ansieht, muss man bedenken, dass die Umstände, unter denen die Masnawi-Khwans ihre Vorlesungen hielten, einen großen Einfluss auf den Fortschritt ihrer Arbeit besaßen. Čaušević hat sich zum Beispiel mit der Erläuterung jedes einzelnen Verses viel Zeit gelassen. Zudem muss man in Betracht ziehen, dass die Masnawi-Khwans auch andere, dringendere Verpflichtungen hatten, die ihre Vorlesungen immer wieder in den Hintergrund drängten. Nichtsdestotrotz waren die Leistungen dieser Gelehrten außergewöhnlich, besonders wenn man

„Erklärung der Muslime von Sarajevo" (*Rezolucija sarajevskih Muslimana, Muslimanske rezolucije iz 1941*) vom 12. Oktober 1941 zusammenhängen. Anlass für diese Resolution waren Übergriffe auf Serben, die von Ustascha-Mitgliedern, die sich mit Fes als Muslime verkleidet hatten, durchgeführt worden waren. Als Folge übten Serben Vergeltung an Muslimen. Die Unterzeichner der Resolution verurteilten die Verbrechen der Ustascha, distanzierten sich von kollaborierenden Muslimen und machten auf die Repressalien gegen die Muslime aufmerksam. Da zu den 108 Unterzeichnern auch Fejzullah Hadžibajrić gehörte (Onder Cetin, „1941 Resolutions of El-Hidaje in Bosnia and Herzegovina as a Case of Traditional Conflict Transformation", in: *ejeps-3 (2)*, European Journal of Economic and Political Studies 2010, S. 73-83), ist es nicht unwahrscheinlich, dass sein enger Weggefährte Halid Hadžimulić diese Resolution ebenfalls unterzeichnet hatte und deshalb in oben genannte Schwierigkeiten geriet. (Anm. d. Übers.)

bedenkt, dass Bosnien zu ihren Lebzeiten räumlich von den althergebrachten Zentren der islamischen Kultur und Gelehrsamkeit getrennt war. Durch ihre Bemühungen war es ihnen gelungen, eine Tradition aufrecht zu erhalten, die Sarajevo zu einem wichtigen Ort der Bewahrung von Rûmîs Erbe gemacht hat.

Die Glut der Inspiration, die das *Masnawi* entfacht hat, ist in Bosnien nie erloschen, auch nicht, als seine Bevölkerung gezwungen war, schwierige Zeiten durchzustehen: Die österreichisch-ungarischen Besatzung, das von Serben dominierte Königreich Jugoslawien, das entsetzliche Blutvergießen des Zweiten Weltkriegs, die Behinderung der Religionsausübung durch die Kommunisten und in jüngster Zeit die Gräultaten der 1990er Jahre. Da braucht es nicht eigens erwähnt zu werden, dass die politischen und gesellschaftlichen Bedingungen, unter denen diese Masnawi-Khwans gewirkt haben, alles andere als ideal gewesen sind. Čaušević hat während des Ersten Weltkriegs weiterhin unbeirrt seine Lektionen gegeben, und Merhemić hat tatsächlich mitten im noch weitaus schrecklicheren Zweiten Weltkrieg mit seinen Masnawi-Sitzungen begonnen, die bis zum Ende des Konflikts und auch noch während der ersten anderthalb Jahrzehnte des kommunistischen Regimes stattfanden. Hadžibajrić und Hadžimulić bewahrten diese Tradition durch vierzig Jahre des kommunistischen Jugoslawiens und mussten sich mit dem von der Regierung unterstützten Rijaset auseinandersetzen, das keinerlei Sympathien für das

Sufitum hegte. Es war eine Zeit, in der die Bosnier *en masse* vieles von ihrem islamischen Erbe aufgaben und die alte muslimische Kultur von Bosnien-Herzegovina gegenüber dem Atheismus und Säkularismus an Boden verlor. Fejzullah Hadžibajrić hat nicht mehr mitbekommen, wie Bosnien-Herzegovina zu einer unabhängigen Republik wurde, und ihm ist, anders als seinem Nachfolger Halid Hadžimulić, erspart geblieben, die grausame Belagerung von 1992-95 miterleben zu müssen. Bis zu seinem Tod 2011 pflegte Hadži Hafiz das Erbe seiner Vorgänger, ungeachtet der Herausforderungen, die die moderne Welt in Form des alltäglichen Materialismus, des Konsumwahns und des Verfalls altehrwürdiger moralischer Werte mit sich brachte. Es bleibt abzuwarten, ob das *Masnawi* in der Lage ist, diesen neuen Bedrohungen für Bosniens kulturelle und spirituelle Identität standzuhalten.[104]

104 In der Tat hat die Institution des Masnawi-Khwan in Sarajevo mit Hadžimulićs Tod nicht ihr Ende gefunden. Sein Nachfolger Mehmed Karahodžić hält seine Lesungen in der Bakr-Baba-Moschee, auf deren Friedhof Hadži Hafiz seine letzte Ruhestätte gefunden hat. (Anm. d. Übers.)

BIBLIOGRAPHIE

Algar, Hamid. "The Literature of Bosnian Muslims", Muslim News, 25-11-94, 5.

Ágoston, G. "Muslim Cultural Enclaves in Hungary", Acta Orientalia, XLV, 2-3, 1991 – ders." 16-17 asırlarda Macaristan tesavvuf ve mevlevilik" 1.Milletleri Mevlana Kongresi, p. 229.

Ayverdi, Ekrem. *Avrupa'da Osmanlı Mimari Eserleri.* 3. Cilt (3. Kitab) Yugoslavya, Istanbul Fetih Cemiyeti; Istanbul 2000.

Balić, Smail. *Das unbekannte Bosnien: Europas Brucke zur islamischen Welt,* Köln, Weimar & Wien 1992.

Cehajić, Dž. "Social, Political, Religious, Literary and Other Aspects of the Dervish Orders in Yugoslav Lands." Prilozi za Orijentalnu Filologiju 50/2002. Sarajevo 2002. pp.297-317.

Çelebi, Evliya. Siyahetname, (Putopis), trns. H. Šabanović, Sarajevo, 1979. Garnett, Lucy. *Mysticism and Magic in Turkey,* London 1912. Gölpınarlı, A. *Mevlana'dan sonra Mevlevilik Inkılap Kitabevi,* Istanbul 1983 Friedlander, S. *The Whirling Dervishes,* MacMillan Publishing Co, Inc., New York 1975.

Hadžibajrić, Fejzullah. "Obavijest o našem prevodu Mathnawije." Mathnawija I. Sarajevo 1996. pp.VI-VII. – ders. "O prevodu drugog sveska Mathnawije." Mathnawija II. Sarajevo, 1996. p.I-II. – ders. "Iz posljednih dana života mevlevijske tekije u Sarajevu (1462-1957)".

Šebi-Arus. Sarajevo 1974. pp.31-35. – ders. "Tesawuf tarikat i tekije" Islamska Misao, 1/6, May 1979.

Hafiz, Nimetullah. "Yugoslavya'da Mevlevi tekkeleri", Mevlâna ve yasama sevinçi.
Konya Turizm Dernegi Yayini, Ankara 1978, p. 173-178.
Handžić, Mehmed. "Sarajevo u turskoj pjesmi," Glasnik islamske vjerske zajednice, XI, 10, 1943. pp. 235-243.
Hartmann, M. *Der Islamische Orient*, vol. III, Leipzig 1910
Kaleshi, H.-Kornrumpf, H. "Das Wilayet Prizren", Süd-Ost Forschungen, 1967, XXVI.
Karić, Enes. "Islamsko Misljenje u Bosni i Hercegovini...." Reis Džemaludin.
Čaušević: Prosvjetitelj i reformator. Comp. Enes Karić/Mujo Demirović. Sarajevo: Ljiljan, 2002.
Kissling, H. *Beiträge zur Kenntnis Thrakiens im 17 Jahrhundert*, Deutsche Morgenländische Gesellschaft, Wiesbaden 1956.
Mujezinović, M. "Musafirhana i tekija Isa beg Ishakovica u Sarajevu", Naše štarinc, III, Sarajevo, 1956, p. 245-252 – ders. "Hadži Mujaga Merhemić: Hajri Mathnawihan i epigrafičar." Šebi- Arus. Sarajevo 1974. p. 20-30.
Omerdić, Muharem. "Derviši i tekije u Sarajevu." Prilozi historiji Sarajeva. pp. 129-140.
Pennanen, R. "All-Comprehending, United and Divine. The Myth of Sufi Music as told by Seid Strik" Anatolia Moderna-Yeni Anadolu. p. 96.
Popović, A. "Les Mevlevihane dans le sud-est europeen", Die Mevleviyye: Eine osmanische Bruderschaft und ihre Konvente, Bamberg, 29-31, Juli 1991.
Saqib Dede. *Safîna-i Nafîsa-i Mawlawîyân*, Egypt, Matba'at ul-Wahbiyyah, 1283 AH, vol. II.
Šabanović, H. "Dvije najstarije vakufname u Bosni", POF, II, 1951, Sarajevo, p. 7-29 – ders. Knjizevnost Muslimana Bosna i Hercegovina na Orientalnima Jezicima, Sarajevo 1973.

Trako, Salih. “Sarayevo'da Mesnevi dersleri ve Mesnevihanlar üzerine”, 1. Milletlerasi Kongres, Konya – ders. “Predavanja Mathnawije i Mathnawihani u Sarajevu.” Anali Gazi Husrev-begove biblioteke, XIII-XIV, Sarajevo 1987. pp. 221-226.

Traljić, Mahmud. “Hadži Mehmed Džemaluddin ef. Čaušević kao vaiz i Mathnawihan.” Šebi-Arus. Sarajevo 1974. – ders. “Prof. Hadži Fejzulah ef. Hadžibajrić.” Mathnawija II. Sarajevo, 1996. pp. III-VII.

Ünver, A. “Selanik Mevlevihanesi 1913-1915”, Mevlana Yilliği, Konya 1963, Yazıcı, Tahsin. “Mawlawiyya.” Encyclopedia of Islam, Brill: Leiden vol. VI.

NAMENSREGISTER